国外食品药品法律法规
编译委员会

本书编委会

主　编　蒋　蓉

副主编　颜建周　李　伟　刘　毅

编　委　（按姓氏笔画排序）

朱雪敏（中国药科大学）　　刘　洁（中国药科大学）

刘　毅（中国药科大学）　　江　莹（浙江医药高等专科学校）

孙圆圆（中国药科大学）　　李　伟（中国药科大学）

李应梦（中国药科大学）　　吴俊杰（中国药科大学）

胡文康（中国药科大学）　　姚科帆（中国药科大学）

袁　妮（大连医科大学）　　徐　亮（中国药科大学）

葛　靖（中国药科大学）　　蒋　蓉（中国药科大学）

颜建周（中国药科大学）

国外食品药品法律法规编译丛书

美国
罕见病药物
法律法规

主 编 蒋 蓉

中国医药科技出版社

图书在版编目（CIP）数据

美国罕见病药物法律法规 / 蒋蓉主编. — 北京：中国医药科技出版社，2018.2

（国外食品药品法律法规编译丛书）

ISBN 978-7-5067-9674-3

Ⅰ．①美…　Ⅱ．①蒋…　Ⅲ．①疑难病 – 用药法 – 药品管理法 – 美国　Ⅳ．①D971.221.6

中国版本图书馆CIP数据核字(2017)第261033号

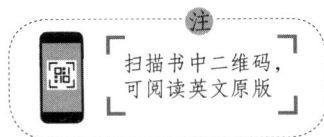

> 注
>
> 扫描书中二维码，
> 可阅读英文原版

美术编辑　陈君杞

版式设计　大隐设计

出版　中国医药科技出版社

地址　北京市海淀区文慧园北路甲 22 号

邮编　100082

电话　发行：010-62227427　　邮购：010-62236938

网址　www.cmstp.com

规格　710×1000mm $\frac{1}{16}$

印张　7

字数　64 千字

版次　2018 年 2 月第 1 版

印次　2018 年 2 月第 1 次印刷

印刷　三河市国英印务有限公司

经销　全国各地新华书店

书号　ISBN 978-7-5067-9674-3

定价　28.00 元

序

　　食品药品安全问题，既是重大的政治问题，也是重大的民生问题；既是重大的经济问题，也是重大的社会问题。十八大以来，我国坚持以人民为中心的发展思想和"创新、协调、绿色、开放、共享"的五大发展理念，全力推进食品药品监管制度的改革与创新，其力度之大、范围之广、影响之深，前所未有。

　　党的十九大再次强调，全面依法治国是国家治理的一场深刻革命，是中国特色社会主义的本质要求和重要保障。法律是治国之重器，良法是善治之前提。全面加强食品药品安全监管工作，必须坚持立法先行，按照科学立法、民主立法的要求，加快构建理念现代、价值和谐、制度完备、机制健全的现代食品药品安全监管制度。当前，《药品管理法》的修订正在有序有力推进。完善我国食品药品安全管理制度，必须坚持问题导向、坚持改革创新、坚持立足国情、坚持国际视野，以更大的勇气和智慧，充分借鉴国际食品药品安全监管法制建设的有益经验。

　　坚持食品药品安全治理理念创新。理念是人们经过长期的理论思考和实践探索所形成的揭示事物运动规律、启示事物发展方向的哲学基础、根本原则、核心价值等的抽象概括。理念所回答的是"为何治理、为谁治理、怎样治理、靠谁治理"等基本命题，具有基础性、根本性、全局性、方向性。理念决定着事物的发展方向、发展道路、发展动力和发展局面。从国际上看，食品药品安全治理理念主要包括人本治理、风险治理、全程治理、社会治理、责任治理、效能治理、能动治理、专业治理、分类治理、平衡治理、持续治理、递进治理、灵活治理、国际治理、依法治理等基本要素。这些要素的独立与包容在一定程度上反映出不同国家、不同时代、不同阶段食品药品安全治理的普遍规律和特殊需求。完善我国食品药品安全管理法制制度，要坚持科学治理理念，体现时代性、把握规律性、富于创造性。

坚持食品药品安全治理体系创新。为保障和促进公众健康，国际社会普遍建立了科学、统一、权威、高效的食品药品安全监管体制。体制决定体系，体系支撑体制。新世纪以来，为全面提升药品安全治理能力，国际社会更加重视食品药品标准、审评、检验、检查、监测、评价等体系建设，着力强化其科学化、标准化、规范化建设。药品安全治理体系的协同推进和持续改进，强化了食品药品安全风险的全面防控和质量的全面提升。

坚持食品药品安全治理法制创新。新时代，法律不仅具有规范和保障的功能，而且还具有引领和助推的作用。随着全球化、信息化和社会化的发展，新原料、新技术、新工艺、新设备等不断涌现，食品药品开发模式、产业形态、产业链条、生命周期、运营方式等发生许多重大变化，与此相适应，一些新的食品药品安全治理制度应运而生，强化了食品药品安全风险全生命周期控制，提升了食品药品安全治理的能力和水平。

坚持食品药品安全治理机制创新。机制是推动事物有效运行的平台载体或者内在动力。通过激励与约束、褒奖和惩戒、动力和压力、自律和他律的利益杠杆，机制使"纸面上的法律"转化为"行动中的法律"，调动起了各利益相关者的积极性、主动性和创造性。机制的设计往往都有着特定的目标导引，在社会转型期具有较大的运行空间。各利益相关者的条件和期待不同，所依赖的具体机制也有所不同。当前，国际社会普遍建立的食品药品分类治理机制、全程追溯机制、绩效评价机制、信用奖惩机制、社会共治机制、责任追究机制等，推动了食品药品安全治理不断向纵深发展。

坚持食品药品安全治理方式创新。治理方式事关治理的质量、效率、形象、能力和水平。全球化、信息化、社会化已从根本上改变经济和安全格局，传统的国际食品药品安全治理方式正在进行重大调整。互联网、大数据、云计算等正在以前所未有的方式改变着传统的生产、生活方式，而更多的改变正在蓄势待发。信息之于现代治理，犹如货币之于经济，犹如血液之于生命。新时期，以互联网、大数据、云计算等代表的信息化手段正在强力推动食品药品安全治理从传统治理向现代治理方式快速转轨，并迸发出无限的生机与活力。

坚持食品药品安全治理战略创新。战略是有关食品药品安全治理的全局性、长期性、前瞻性和方向性的目标和策略。国家治理战略是以国家的力量组织和落实食品药品安全治理的目标、方针、重点、力量、步骤和措施。食品药品安全治理战略主要包括产业提升战略、科技创新战略、行业自律战略、社会共治战略、标准提高战略、方式创新战略、能力提升战略、国际合作战略等。食品药品管理法律制度应当通过一系列制度安排，强化这些治理战略的落地实施。

坚持食品药品安全治理文化创新。文化是治理的"灵魂"。文化具有传承性、渗透性、持久性等。从全球看，治理文化创新属于治理创新体系中是最为艰难、最具创造、最富智慧的创新。

食品药品安全治理文化创新体系庞大，其核心内容为治理使命、治理愿景、治理价值、治理战略等。使命是组织的核心价值、根本宗旨和行动指针，是组织生命意义的根本定位。使命应当具有独特性、专业性和价值性。今天，国际社会普遍将食品药品安全治理的是使命定位于保障和促进公众健康。从保障公众健康到保障和促进公众健康，这是一个重大的历史进步，进一步彰显着食品药品监管部门的积极、开放、负责、自信精神和情怀。

中国的问题，需要世界的眼光。在我国药品安全监管改革创新的重要历史时期，法制司会同中国健康传媒集团组织来自监管机构、高等院校、企业界的专家、学者、研究人员陆续翻译出版主要国家和地区的食品药品法律法规，该丛书具有系统性、专业性和实用性、及时性的特点，在丛书中，读者可从法条看到国际食品药品治理理念、体系、机制、方式、战略、文化等层面的国际经验，期望能为我国食品药品监管改革和立法提供有益的参考和借鉴。

焦红

2017 年 12 月

编译说明

关注生命质量、提高弱势群体卫生福利是当今世界各国政府首要关注的社会问题。虽然罕见病发病率低，但我国人口基数大，以致我国罕见病患者总人数不容小觑。因此，促进罕见病用药的研发、提高罕见病用药的可及性是提高全民卫生福利的重要问题。

FDA 是较早针对罕见病用药出台专门法律法规，并明确概念界定、促进企业研发的药品监管部门。本书在全面梳理美国药品监管法律法规体系的基础上，收集和翻译了与罕见病用药密切相关的法案及部分法案中的法律条款、技术指南，以便为我国罕见病用药的发展提供借鉴参考。

全书共分为两部分。

第一章为美国药品立法中与罕见病用药密切相关的法案及部分法案中的条款，包括《联邦食品药品和化妆品法案》《食品药品管理法修正案》《FDA 安全及创新法案》三个法规文件中与罕见病药物有关的部分条款进行编译，以及《罕见病药物法案》的全文翻译。

第二章为美国食品药品管理局制定《罕见病：药物工业发展指南的常见问题》的指南全文翻译，内容涵盖了 FDA 对协助治疗或预防罕见病的药品和生物制品的发起人、罕见病药物开发中的选题、项目开发等问题的官方意见。

为使读者更直接的理解美国食品药品管理局对罕见病用药的

管理要求，本书在保持原有法条编纂体例的基础上，直接对原文进行了翻译，以便读者快速检索阅读并可准确回溯法条原文。

当然，由于编者水平所限，且法律法规不断更新，本书难免存在疏漏与不足之处，敬请广大读者不吝斧正。

目录

第一章 | **法规**

联邦食品药品和化妆品法案

公法 113–5 修改通过，2013.3.13 生效

（本法案选取第 V 章 – 分章 B 中 SEC. 525、SEC. 526、SEC. 527、SEC. 528、SEC. 529 以及分章 E 中 SEC. 569 与罕见病药物相关的条款进行翻译）

分章 B——罕见病用药

罕见病药物研究的建议

SEC. 525.【《美国法典》第 21 主题第 366aa 条】

（a）用于美国国内罕见病症的药物，其申请人可以在以下程序之前，请求部长提供书面的临床及非临床研究建议——

（1）药物依照 505 条之要求获批可用于该类病症。

（2）若该药物为生物制品，药物可依照《公共卫生服务法案》351 条之要求获批用于该类病症。

若部长有理由认定依照该节之要求申请的药物为用于美国国内罕见病的药物，则部长应向申请人提供书面的临床及非临床研究建议。部长根据申请提出时可获得的信息，确定申请获批（依照第 505 条之规定）所必需的信息，或获得许可证（依照《公共卫生服务法案》第 351 条之规定）所必需的信息，并据此提供书面建议。

（b）部长应依照法规，公布（a）款所述规定的执行程序。

罕见病药物的认定

SEC. 526.【《美国法典》第 21 主题第 360bb 条】

（a）（1）制造商或申请人可能请求部长为用于罕见病的药物进行认定，认定申请应在以下程序之前提出：第 505（b）款所述的申请递交之前，或《公共卫生服务法案》第 351 条所述的许可证申请递交之前。若部长发现依照本款之要求递交申请的药物正用于或将用于罕见病研究，且符合以下情况——

（A）若该药物的申请依照第 505 条之要求获批。

（B）若该药物的许可证依照《公共卫生服务法案》第 351 条批准。

批准、认证或许可将发给该类药物，则部长应将该类药物认定为罕见病药物。本节所述的认定申请应包含申请人对部长发出的药物认定通知（依照（b）款之要求）的同意。

（2）在第（1）节中"罕见病"指：（A）在美国国内患者不超过 20 万人；（B）在美国国内患者超过 20 万人，但罕见病用药的研发与推广费用无望通过药物销售弥补。上述句子中对任何药物的判定应根据实际情况（从符合本款的认定申请提出时起）做出。

（b）在（a）款中所述的认定应符合以下条件——

（1）若药物的申请依照第 505（b）款之要求获批，或药物的许可证依照《公共卫生服务法案》第 351 条发给，则制造商应在任何中止行为发生前，至少提前一年告知部长。

（2）若药物的申请依照第 505（b）款之要求未获批，或药物的许可证依照《公共卫生服务法案》第 351 条未能发给，且药物的临床前研究或 505（i）段所述的研究正在进行，对于初始目的如下的研究：使申请依照第 505（b）款之要求获批，或使许可证依照《公共卫生服务法案》第 351 条发给；其有任何中止决定时制造商或申请人应告知部长。

（c）与（a）款中所述的认定相关的通知应对公众公开。

（d）部长应依照法规，公开（a）款所述规定的执行程序。

罕见病药物的保护

SEC. 527.【《美国法典》第 21 主题第 360cc 条 】

（a）除（b）款所述情况外，若部长——

（1）依照 505 条之要求批准某类型药物的申请。

（2）依照《公共卫生服务法案》第 351 条发给许可证。

则对于依照 526 条之要求认定的罕见病用药，若申请人不是上述获批或获得许可罕见病药物的原持有人，部长不可批准其依照 505 条之要求提出的同类型不同药物申请，亦不可依照《公共卫生服务法案》第 351 条发给许可证，除非该申请获批后或许可证颁发后 7 年期满方可批准。第 505（c）（2）节之内容不适用于前述的申请批准的驳回。

（b）对于依照 505 条之要求获批且依照 526 条之要求认定，或依照《公共卫生服务法案》第 351 条获得许可证的某类型罕见病药物。

在该申请获批后或许可证颁发后 7 年期内，若申请人不是上述获批或获得许可罕见病药物的原持有人，在满足以下条件时，部长可批准其依照 505 条之要求提出的同类型不同药物申请，或依照《公共卫生服务法案》第 351 条发给许可证——

（1）部长向药物批准件或许可证持有人提供通知和意见递交机会

后发现，在 7 年期内该持有人无法确保药物的可得性，罕见病患者对已命名罕见病药物需求量难以满足。

（2）该持有人向部长提供书面同意，同意在 7 年期满之前可批准同类型不同药物的申请或许可证的发布。

罕见病用药研究的开放协议

SEC. 528.【《美国法典》第 21 主题第 360dd 条】

若药物依照 526 条之要求认定为罕见病用药，且依照 505（ⅰ）段之要求以及据此发布的法规，其豁免通知存入档案，则部长应鼓励该药物的申请人设计临床研究方案，该方案可依照豁免要求对下述受试者进行试验：需要药物治疗，但现有药物的疗效无法满足需求的罕见病症患者。

SEC. 529.【《美国法典》第 21 主题第 360ff 条】罕见病用药的鼓励措施——优先审评

（a）定义——在本节中：

（1）优先审评——"优先审评"指对于 735（1）节所述的人用药申请，依照《FDA 政策及程序指南》和《处方药使用者付费修正案（2012）》101（b）款所述信件中确定的目标，部长应在收到该类申请后的 6 个月内进行审评和回应。

（2）优先审评券——"优先审评券"指部长对罕见病药物申请的

发起人发布的凭证，凭证持有人在罕见病药物申请获批后，获得一种人用药申请（依照505（b）（1）节或《公共卫生服务法案》第351（a）款之要求递交）的优先审评授权。

（3）罕见儿科疾病——"罕见儿科疾病"指满足以下所有标准的疾病。

（A）该疾病主要见于新生至18岁之间的个人，包括俗称的新生儿、婴幼儿、儿童和青少年。

（B）该疾病为罕见病症，其含义见526条。

（4）罕见儿科疾病药物申请——"罕见儿科疾病药物申请"指依照735（1）节所述的人用药，且符合以下描述——

（A）对于生物制品的申请——

（i）用于预防或治疗罕见儿科疾病。

（ii）不含已在其他申请（依照本法案505（b）（1）节、505（b）（2）节、505（j）款或《公共卫生服务法案》第351（a）款、351（k）款之要求提出）中获批的活性成分（包括任何酯类或盐类的活性成分）。

（B）依照本法案505（b）（1）节或《公共卫生服务法案》第351（a）款之要求递交的申请。

（C）部长认定该申请符合优先审评条件。

（D）基于儿科人群研究和儿科用药剂量研究得出的临床数据所提出的申请。

（E）在初始儿科罕见病药物申请中不出现对成人适应证的申请。

（F）《处方药使用者付费修正案（2012）》颁布后获批的申请。

（b）优先审评券——

（1）总则——部长应在批准罕见儿科疾病药物申请后，向该申请发起人奖励优先审评券。

（2）可转让性——

（A）总则——依照本节之规定，获得优先审评券的罕见儿科疾病药物申请的发起者可转让（包括出售）其授权凭证，在优先审评券使用前，其转让次数无限制。

（B）转让申报——所有接收转让的个人应于转让发生后30天内将优先审评券所有权的变更告知部长。

（3）时限——依照本节之规定，罕见儿科疾病药物申请的发起者在下述情况下可能不获得优先审评券：罕见儿科疾病药物申请在《处方药使用者付费修正案（2012）》颁布日起90天内已递交给部长。

（4）申报——

（A）总则——人用药申请的发起者应在递交人用药申请90天前告知部长以下内容：将递交的人用药申请为优先审评券的使用对象，以及发起者计划递交申请的日期。依照本节之规定，该申报应成为支付待审核使用费的合法约束性承诺。

（B）告知后再转让——人用药申请的发起者依照（A）小节所述告知使用优先审评券的意图，在申请人提供申报后，若申报中所述的人用药申请未递交，则仍可转让凭证。

（5）授权终止——自部长依照本节之要求奖励第三类罕见儿童疾病优先审评券起，一年期满后部长不可依照（A）小节所述奖励任何优先审评券。

（c）优先审评使用费——

（1）总则——部长应对使用优先审评券的人用药申请人制定使用费大纲，规定其应向部长支付使用费（依照第（2）节之要求确定）。除依照第Ⅶ章之规定申请人应缴纳的费用外，该使用费为应支付的额外费用。

（2）费用数额——优先审评使用费数额应由部长在每个财政年度确定一次，费用数额可根据以下差异浮动——

（A）上一财政年度 FDA 在优先审评的人用药申请项目上的平均花费。

（B）上一财政年度 FDA 在非优先审评的人用药申请项目上的平均花费。

（3）年度的费用设置——2012 年 9 月 30 日起，部长应在每个财政年度开始前制定该年度的优先审评使用费数额。

（4）支付——

（A）总则——本款所要求的优先审评使用费依照（b）（4）（A）小节之要求，应在申请人申报使用优先审评券后支付。其他与人用药申请相关的使用费应根据部长的要求或根据适用法规支付。

（B）完成申请——对于发起人请求使用优先审评券的申请（见（A）小节），若本款和任何其他适用法规所要求的使用费未依照部长制定的支付程序支付，则该申请应视为未完成。

（C）放弃、豁免、减少、退还——依照本节之规定，部长不可批准任何应付费用的放弃、豁免、减少或退还。

（5）政府收入（向公众出售货物或提供劳务的收入或其他由政府账户支付的收入）——依照本款之规定，每一财政年度的费用收入——

（A）应记为政府收入并存入为 FDA 提供拨款的账户。

（B）依照拨款法案，除非需提前拨款，否则不应在财政年度间收取。

（d）认定过程——

（1）总则——根据新药制造商或新药申请人的请求，部长可作如下认定——

（A）将新药认定为罕见儿科疾病用药。

（B）将新药的申请认定为罕见儿科疾病产品申请。

（2）认定的申请——若需申请第（1）节所述的认定，则该认定申请应在罕见病状态认定申请（依照 526 条之要求）提出的同时提出，或在快速通道认定申请（依照 506 条之要求）提出的同时提出。本节所述的认定申请不成为获得优先审评券的前提条件。

（3）部长的判定——申请依照第（1）节之规定递交后 60 天内，部长应对以下内容做出判定——

（A）该类申请中所述的病症是否为罕见儿科疾病。

（B）该类新药申请是否为罕见儿科疾病产品申请。

（e）罕见儿科疾病产品的销售——

（1）撤回——若获得优先审评券奖励的罕见儿科疾病产品在获批（依照本法案 505 条或《公共卫生服务法案》第 351 条之规定获批）后，未于 365 天内在美国国内上市，则部长可依照（b）款之规定，撤回任何优先审评券奖励。

（2）获批后的产品报告——获批罕见儿科疾病产品的申请人应在产品获批后 5 年内向部长递交报告。该类报告应根据获批后前 4 年间每一年的产品信息，提供如下信息：

（A）美国国内患该罕见儿科疾病的估计人数。

（B）美国国内对该罕见儿科疾病产品的估计需求量。

（C）美国国内该罕见儿科疾病患者的实际人数。

（f）告知和报告——

（1）优先审评券发出的告知和对使用优先审评券产品获批的告知——部长应在以下事件发生后 30 天内，在《联邦公报》和 FDA 官方网站上发布告知：

（A）部长依照本条之规定发出优先审评券。

（B）部长依照本节之规定，批准依照本法案 505（b）款或《公共卫生服务法案》第 351（a）款之规定递交的申请，且该申请的发起人使用优先审评券。

（2）告知——依照本节之规定，若从部长对第三类罕见儿科疾病奖励优先审评券之日起，一年期满后申请发起人依照本法案505（b）款或《公共卫生服务法案》第351（a）款之规定递交新药申请并使用优先审评券，则部长应基于如下目的向众议院能源与商业委员会和参议院卫生、教育、劳工和养老金委员会递交文件——

（A）将此优先审评券的使用告知该委员会。

（B）识别使用该优先审评券的药物。

（g）其他项目的适合性——本节所述规定不妨碍获得优先审评券的发起人参与其他奖励项目。

（h）与其他条款的关联——本节条款应补充而不替代本法案或《公共卫生服务法案》中其他任何鼓励热带病和罕见儿科疾病药物研发的条款。

（i）GAO（Government Accountability Office）政府责任办公室研究和报告——

（1）研究——

（A）总则——从部长向第三类罕见儿科疾病奖励优先审评券（依照本节规定）之日起，美国总审计长应开展效力研究，其目的为研究该优先审评券对治疗或预防该类疾病的人用药研发之影响。

（B）研究内容——在开展（A）小节所述的研究时，总审计长应审查以下内容：

（ⅰ）依照本法案 505 条或《公共卫生服务法案》第 351 条之规定获批，且获得优先审评券奖励的所有罕见病产品之适应证。

（ⅱ）与治疗或预防罕见儿科疾病相关的、未满足的医疗需求在该罕见病产品获批后，其医疗需求是否改善以及改善程度。

（ⅲ）若优先审评券发生转让，该优先审评券的价值。

（ⅳ）所有使用优先审评券的药物的鉴别。

（ⅴ）优先审评券从发出日到使用日的时间跨度。

（2）报告——从第（1）（A）小节所述的日期起一年内，总审计长应向众议院能源与商业委员会和参议院卫生、教育、劳工和养老金委员会递交报告，报告内容应包括第（1）节所述研究之结果。

分章 E——与药物和医疗器械有关的一般规定

SEC. 569.（21 U.S.C 360bbb-8）向研究罕见病、靶向治疗、基因靶向治疗的外部专家咨询

（a）总则——为了达到提高 FDA 对于治疗罕见病的新药和生物制

品以及具有基因靶向性的药物和生物制品的审查效率，并将审查结果告知的目的，应做到以下几点：

（1）与利益相关者进行磋商——参考《处方药使用者付费修正案（2012）》的第101（b）款中的信件，并与《处方药使用者付费法案》转授执行目标及2013至2017程序财政年度的第X.C和IX.E.4节相一致，每当部长要做出适当的决定时，部长应确保有机会和利益相关者就第（b）款里的问题进行磋商。

（2）向外部专家咨询——

（A）概论——部长应发展并维持一组具有特殊专长，从而有资格对包括第（c）款的问题在内的罕见病问题提出建议的专家。当处理特定的监管问题的时候，部长可以向这些专家咨询与审查治疗罕见病的新药和生物制品以及具有基因靶向性的药物和生物制品相关的问题，其中包括在第（b）款里描述的问题。这些咨询是必要的，因为部长缺乏承担自身监管责任能力所必要的医疗或技术知识，而外部专家能提供这些必要的专业知识。

（B）外部专家——出于（A）小节的目的，外部专家是对一种或者多种罕见病接受过科学或者医疗培训的人，而部长缺乏这种培训。

（b）咨询话题——根据此条的内容，咨询话题可能包括——

（1）罕见病。

（2）罕见病的严重性。

（3）与罕见病相关的不被满足的医疗需求。

（4）患有罕见病的个体参与临床实验的意愿和能力。

（5）对各种罕见病疗法的优点与风险的评估。

（6）罕见病人群及亚人群的临床实验的总体设计。

（7）患病人群的人口及临床描述。

（c）作为特殊的政府雇员的分类——本节所提及的提供咨询的外部专家，根据《美国法典》18 主题的第 202 条的定义，可以被当作特殊的政府雇员。

（d）对于机密信息和商业机密的保护——

（1）结构规定——此条不能被解读为修改已有法律、规章及政策所提供的保护，因为这些条款会优先于此节法案的通过日期，首先应用到与个人和组织的磋商中。上述所提的法律、规章及政策管理着公开商业机密、行业秘密信息以及根据《美国法典》第 5 主题的 552（b）而免除公开的其他任何信息。

（2）公开所需的同意——只有在有申请人的书面同意书且咨询专家为政府雇员（根据《美国法典》18 主题的第 202 条的定义）条件下，部长才可以公开商业机密或者行业秘密信息给本条所提到的咨询专家，或者公开是由法律授权的。

（e）其他咨询——此条不能被解读为限制部长在此节法案通过日期前就已授权得到的向个人或者组织咨询的能力。

（f）无权利或义务——

（1）无咨询权利——此条不能被解读为咨询任何项目的合法权利或者要求部长与任何特殊专家或利益相关者会面。

（2）不能更改目标——此条不能被解读为更改与《处方药使用者付费修正案（2012）》中的信件相一致的已通过的目标和程序。

（3）不改变审查周期数——此节法案并不意在此法案公布日期前就增加审查周期数。

（g）无对产品审查的推延——

（1）总则——优先于在本条提及的与外部专家的咨询，其中咨询涉及第505（i）段中的试验性新药申请、第505（b）款中的新药上市申请或者《公共卫生服务法案》的第351条中的生物制品上市许可申请，药品审评与研究中心的主任或生物制品审评与研究中心的主任（或是相关部门主任）应酌情决定——

（A）这种咨询将——

（i）提高主任自身完成审查的能力。

（ⅱ）解决申请里明显的缺陷。

（B）申请人已批准此咨询。

（2）限制——这一款的要求仅适用于仅在本条之下进行的咨询，而不能适用于任何在其他条开展的咨询。

罕见病药物法案

公法 97–144

第 97 届国会

1983 年 1 月 4 日

为加快罕见病药物的发展及其他目的对《联邦食品药品和化妆品法案》进行修订。

经美国国会参议院和众议院共同通过。

简　称

SEC. 1.

（a）此法案可被称为"罕见病药物法案"。

（b）国会发现——

（1）在美国有许多疾病因为患病居民数量较少，被视作罕见病，这些疾病包括亨廷顿症、肌阵挛、肌萎缩侧索硬化（葛雷克症）、妥瑞症、肌肉萎缩症。

（2）多种针对此类疾病的药物有待开发。

（3）用以治疗此类疾病的药物通常被称为"罕见病药物"。

（4）因为患此类疾病的患者数量较少，生产罕见病药物的医药公司自然能预估到药品销售相对于药品研发过程中的成本会导致一定的经济损失。

（5）除非联邦法律能做出相应的改变，以降低罕见病药物研发成本，且从经济利益层面诱导此类药品的研发，否则一些有前景的罕见病药物最终不会得以研发。

（6）这些为促进罕见病药物的研发而作出的改变以及经济利益层面的诱导是出于对公众利益的保护。

《联邦食品药品和化妆品法案》修正案

SEC. 2.（a）《联邦食品药品和化妆品法案》第五章通过增加以下的内容作为修改：

"分章 B——罕见病用药"

"罕见病药物研究的建议"

SEC. 525.【《美国法典》第 21 主题第 366aa 条】在以下时间之前，美国罕见病药物的申请者可以要求美国卫生及公共服务部部长提供书面推荐信，用于指导完成必须进行的临床或非临床药物研究——

"（1）按照 505 条的规定，该药物可能通过审查用于治疗此类疾病之前。

"（2）若该药物为生物制品，且在按照《公共卫生服务法案》351 条规定，给该药物颁发许可证，可用于治疗此类疾病之前。

若美国卫生及公共服务部部长有充分的理由认为按照此条提交请求的药物是用于在美国属罕见病的药物，部长须向提出该请求的人提供推荐信，用于指导临床或非临床的药物研究（若在提出该请求时当下现有的信息基础上，部长认为该药物研究对于 505 条下罕见病药物的通过以及按照《公共卫生服务法案》351 条针对罕见病的相关规定颁发药品许可证都是必不可少的话）。

"（b）美国卫生及公共服务部部长应该按照规定公布执行（a）款的程序。

"罕见病药物的认定

"SEC. 526.（a）（1）药物制造商或申请者可以要求美国卫生及公共服务部部长将某药物认定为罕见病药物。若部长发现某药物已经按照此部分规定递交了该请求，且正在或即将用于罕见病的研究——

"（A）若此药物的申请是通过了 505 条相关规定。

"（B）若该药物是生物制品，且按照《公共卫生服务法案》351 条的规定已经颁发了许可证。

该审评通过或许可证可用于此类罕见病，美国卫生及公共服务部部长须将该药物认定为可治疗该罕见病的药物。按照此款提出的药品认证的请求应包括申请人同意由部长按照（b）款发布关于该药物认定的公告。

"（2）对于（1）节中的内容，"罕见病"一词指的是在美国发生率极低，因此很难预期通过销售此类药物填补该药物在研发以及在美国最终完成上市等环节的成本。对任何药物而言，上述内容的最终确定应基于事实，环境以及按照此部分要求递交药物认定请求时的时间。

"（b）应向公众发布关于某药物按照（a）款的药物认定的公告。

"（c）美国卫生及公共服务部部长应该按照规定公布执行（a）款的程序。

"对未获专利的罕见病药物的保护

"SEC.527.（a）除了（b）款下的规定，若美国卫生及公共服务部部长——

"（1）通过按照505（b）款递交的申请。

"（2）按照《公共卫生服务法案》351条的规定颁发了许可证。

对于按照526条认定的用于治疗罕见病，且尚未获得美国专利证书的药物，在药物申请批准通过或颁发许可证之日起至7年期满之前，美国卫生及公共服务部部长都不会按照 505（b）款通过该药物的另一审评或签发另一许可证。505（c）（2）节不适用于上述内容提及的拒绝药物通过审评。

"（b）若根据 505（b）款递交的申请通过了 526 条的药物认定，最终被认定为可治疗罕见病的药物，或是按照《公共卫生服务法案》351 条的规定颁发了许可证，且该药物未获得美国专利证书，美国卫生及公共服务部部长可以在药物申请批准通过或颁发许可证之日起至 7 年期满之前，按照 505（b）款通过另一份申请，或者若该药物为生物制品，按照《公共卫生服务法案》351 条的规定签发许可证，授予没有该罕见病药物的审评通过证书或许可证的人，若——

"（1）美国卫生及公共服务部部长发现在向申请人发出公告并提供上交进行评估的机会后，在这段时间内，原先的申请通过或许可证的持有人不能保证提供足够的药物以满足患有该疾病的患者的要求。

"（2）原先的申请通过或许可证的持有人在 7 年有效时间内，以书面的形式向部长表示允许其他的申请或许可证的签发。

"罕见病药物研究的公开协议

"SEC. 528. 若某药物按照 526 条被认定为治疗罕见病的药物，且按照 505（i）段或相关规定提交了该药物的声明豁免的通告，美国卫生及公共服务部部长应鼓励该药物的申请人设计临床研究的协议，该研究可在获得相应的豁免权之后，加入需要该药物来治疗所患罕见病患者或是使用现有的其他药物作用效果不佳的患者。"

（b）《联邦食品药品和化妆品法案》第V章501条之前加入以下内容完成修订：

"分章 A——药物和器械"

罕见病药品委员会

SEC.3.《公共卫生服务法案》标题Ⅱ末尾加入以下内容完成修订：

"SEC. 227.（a）美国卫生及公共服务部设有一个委员会用以研发治疗罕见病的药物（包括生物制品）和器械（包括诊断产品），称为罕见病药品委员会。该委员会应由美国卫生及公共服务部助理部长以及由部长选出的代表组成，这些代表来自FDA、美国国立卫生研究院、疾病控制中心以及一些部长认定与治疗罕见病的药物或器械相关活动有联系的政府部门或机构。委员会应由助理部长主管。

"（b）委员会的功能应为推动罕见病药物或器械的研发，协调联邦，其他公共机构和私人机构，使他们各自发挥与罕见病物品研发相关的功能。

"（c）对于治疗罕见病的药物，委员会应——

"（1）评估——

"（A）《联邦食品药品和化妆品法案》B分章对此类药物的研发的作用。

"（B）此分章的执行。

"（2）在罕见病药物研发过程中评估美国国立卫生研究院以及酒精、药物滥用、心理健康管理局的活动。

"（3）确保FDA，美国国立卫生研究院，酒精、药物滥用、心理健康管理局和疾病控制中心之间有恰当的协调，使他们各自发挥与罕见病药品研发相关的功能，并保证不同机构之间的活动相互补。

"（4）确保所有有相关利益的联邦机构，制造商，代表患者的组织在与药物相关的活动中相互协调。

"（5）在罕见病药物的申请人同意的前提下，委员会应按照《联邦食品药品和化妆品法案》505（i）段或505条下的规定赦免，通知医生以及公众能使用已经通过该法案505（c）款或351条用于治疗罕见病的药物。

"（6）寻求赞助罕见病药物的商业机构或其他组织，寻找能研发该药物的研究人员，寻找能参与到药物推广发售中的商业机构。

"（7）认可寻求罕见病药物研发以及直接参与到药物研发中的公共或私人机构以及个人的努力。

"（d）罕见病药品委员会应与利益相关人士就委员会按照此条进行的活动进行协商，作为协商的一部分，委员会还应提供递交口头审查的机会。

"（e）委员会应向参议院劳动和人力资源委员会和众议院能源和商业委员会递交年度报告——

"（1）确认按照《联邦食品药品和化妆品法案》526条可被认定为治疗罕见病的药物。

"（2）详述罕见病药品委员会的活动。

"（3）纳入委员会完成的评估结果。

美国国立卫生研究院及酒精、药物滥用、心理健康管理局部长应在上交给罕见病药品委员会的年度报告中加入关于美国国立卫生研究院及酒精、药物滥用、心理健康管理局在罕见病药品相关研究活动的报告；财政部部长应在上交给罕见病药品委员会的年度报告中加入根据《美国国内税收法典（1954）》44H条的规定使用课税扣除的报告；美国卫生及公共服务部部长应在上交给罕见病药品委员会的年度报告中加入按照《罕见病药物法案》执行的用于研发罕见病药物的辅助项目的报告。所有年度报告都应在每年的6月1日之前上交。"

罕见病药物试验成本税收扣除

SEC. 4.（a）对《美国国内税收法典（1954）》（与正当贷款相关）

1章 A 分章Ⅳ部分 A 分部分进行修改，在 44G 条后插入下列的新内容：

"SEC. 44H. 罕见病药物临床试验成本

"（a）总则——在纳税年中，应允许贷款以抵消此章中规定需要上交的税款，该贷款款额应等于在此纳税年中合格的临床试验成本的 50%。

"（b）合格的临床试验成本——对于本条法规——

"（1）许可的临床试验成本——

"（A）概述——除其他此节下的规定中的内容，"合格的临床试验成本"指的是由纳税人在纳税年中按照 44F 条下（b）款的规定缴纳的税款的数额（如果此款下的内容同样适用于（B）小节中的修改的话）。

"（B）修改——对于（A）小节的条例，44F 条下（b）款应在进行如下修改后被采用——

"（ⅰ）在该款的（2）和（3）节每一个出现"合格研究"的地方用"临床试验"代替。

"（ⅱ）将该款的（3）（A）小节中出现的"65%"换成"100%"。

"（C）补助金款项的排除条款——"合格的临床试验成本"不应

包括任何由补助金、合同或其他任何人（或任何政府团体）资助的款项。

"（D）特殊规则——对于下此段下的条例，44F 条应在 1985 年 12 月 31 日后生效。

"（2）临床试验——

"（A）概述——"临床试验"指的是所有符合以下条件的人类临床试验——

"（ⅰ）按照《联邦食品药品和化妆品法案》的 505（ⅰ）段（或是此段下颁布的相关规定）中规定的针对某种罕见病的药物在具有豁免权的条件下进行的临床试验。

"（ⅱ）发生在以下时间的临床试验——

"（Ⅰ）在此药物按照 526 条上交后的日期之后。

"（Ⅱ）在按照 505（b）款的要求上交与此药物相关的药品申请的日期之后。

"（ⅲ）以及在第 526 条规定的人群中由纳税人或纳税人代表开展的临床试验。

"（B）临床试验必须与罕见病药物的使用有关——属于（A）小节中的临床试验是指，在《联邦食品药品和化妆品法案》526 条中指定的罕见病药物的临床试验。

"（c）协调不断攀升的研究成本和贷款——

"（1）概述——除了（2）节下的规定，在根据44F条规定确定该纳税年内可贷款款额的相关条例时，所有按照此条规定符合的纳税年内合格临床试验成本都不应纳入考虑。

"（2）确定基本时间内研究经费的成本——在将44F条内容运用到接下来几个纳税年的确定基本时间内研究经费的过程中，应考虑由合格研究经费组成的纳税年内所有合格临床试验成本（按照44F（b）款的含义）。

"（d）定义和特殊规则——

"（1）罕见病——在此条的相关条例中，"罕见病"指的是所有在美国患病率极低，但罕见病用药的研发与推广费用无望通过在美国本土上市销售来弥补。对上述种类的药物，即罕见病药物做出任何决定时，须以事实、环境以及该药品按照《联邦食品药品和化妆品法案》526条的内容上交并标志的日期为根据。

"（2）基于税收数额的限制——本条所允许的任何纳税年度的抵免额不应超过本条所对应纳税年度所征收的税额，减少的抵免额总额应低于本部分中某条中的指定数目，除第31，39及43条所允许的抵免额外。对于前文提及的条例，"本章规定的税收"不应包括任何在本章53（a）款中的最后一段话中的尚未规定的税收。

"（3）境外试验的特殊限制——

"（A）概述——任何此部分下与在美国境外进行的临床试验相关的贷款都不被允许，除非——

"（i）此类试验之所以在美国境外完成是因为美国本土没有足够多的参与试验的人员。

"（ii）进行试验的美国人或任何其他人与受限于《联邦食品药品和化妆品法案》526条规定的纳税人没有关系。

"（B）934（b）款或936条适用的对企业的特殊限制——按照此部分规定，不允许贷款给934（b）条规定的适用的公司开展的临床试验项目或是适用于936条下选举出的公司进行的临床试验。

"（4）可行的规则——与44F（f）款中（1）和（2）节中的规则相似的规则可用于此条下的条例。

"（5）选择——此部分内容应适用于任何纳税年内任何纳税人，只要该纳税人选择（在美国卫生及公共服务部部长按照规定设定的时间内以规定的方式）让此部分内容可适用于此纳税年内。

"（e）终点——此部分不适用于1987年12月31日之后支付或花费的款项数额。"

（b）（1）《美国国内税收法典》280C条（与否决削减40或44B

条规定的贷款数额相关）在条款末尾加上如下新的条款，完成修订：

"（c）针对特定药物的合格临床试验的贷款——

"（1）概述——不可削减此部分的合格临床试验的成本（按照44H（b）款的规定），允许削减的情况是在某一纳税年内，削减的数额与44H条内容规定的该纳税年内允许的贷款数额相同（无需参考（d）（2）节内容即可作出的裁定）。

"（2）与"纳税人利用成本而非削减成本"的规则相似——如果——

"（A）44H条规定的某纳税年内允许贷款的数额（无需参考（d）（2）节内容即可作出的裁定）超过了——

"（B）在某一纳税年内对合格临床试验成本允许削减的数额（无需参考（1）节内容即可作出的裁定）。

可以索要的资本数额在某纳税年内所花费的成本中所占的比例应按照前文提及的超过数额进行削减。

"（3）管控部门——若某公司属于管控集团中的一员，那么在处理该公司的案件或与其他商业或贸易活动一起受到普遍管控的商业和贸易活动（按照44F（f）（1）（B）小节的意思）时，此部分的相关内容应适用于由美国卫生及公共服务部部长颁布的规定（类似于适用于44F（f）（1）节的（A）和（B）小节

的相关规定)。"

（2）（A）《美国国内税收法典》280C 条的开头部分按照如下所述进行修改：

"SEC. 280C. 特定的许可贷款成本"

（B）《美国国内税收法典》第 1 章 B 分章Ⅸ部分通过删除与 280C 条相关的条例并在其后插入如下内容，最终完成修改：

"SEC. 280C. 特定的许可贷款成本"

（c）（1）《美国国内税收法典》第 1 章 A 分章Ⅳ部分 A 分部分通过在与 44G 条相关的条例后插入如下条例完成修订：

"SEC. 44H. 用于罕见病药物的临床试验花费。"

（2）《美国国内税收法典》6096 条的（b）款部分通过删除"以及 44G"并在其后插入"44G 和 44H"完成修订。

（d）此部分下所作的修订应可用于 1982 年 12 月 31 日结束之后的所有纳税年内支付或引起的花销。

用于研发罕见病药物的补助金及合同

SEC. 5.（a）美国卫生及公共服务部部长可向公共或私人团体及个人签发补助金并拟定合同，以帮助他们支付在研发罕见病药物过程中产生的合理临床试验经费。

（b）对于（a）款下的条例：

（1）"合格的临床试验"指的是任何满足以下条件的人类临床试验——

（A）按照《联邦食品药品和化妆品法案》505（i）段（或在此部分下颁布的法案）下关于罕见病药物豁免执行的人类临床实验，

（B）在以下条件下执行的临床试验——

（i）在此药物已按照此法案526条规定命名之后。

（ii）在与此药物相关的申请已按照此法案505（b）款规定上交之后。

（2）"罕见病"一词指的是在美国发生率极低，但罕见病用药的研发与推广费用无望通过在美国本土上市销售来弥补。按照上述条文规定作出的与任何药物相关的决定时，都应以事实、环境、日期以及按照本款规定给出的命名为依据。

（c）对于按照（a）款给出的补助金以及拟定的合同，在1983财政年以及之后的两年内，应授权每年拨出4 000 000美元用于发放补助金以及拟定合同。

家庭健康服务

SEC. 6.（a）《公共卫生服务法案》的第Ⅲ主题的 D 部分的分部分Ⅱ后插入新的分部分：

"分部分Ⅲ——家庭健康服务

"家庭健康服务

"SEC. 339.（a）（1）对于推动家庭健康项目中初步治疗方案，用以向家庭健康服务欠缺或尚未投入使用的地区提供家庭健康服务的法规，美国卫生及公共服务部部长可以根据此条的规定，向公共或非营利性私人团体提供补助金，或者贷款给私营控股机构以帮助他们达到建立并运作家庭健康服务项目的启动资金。这些补助金和贷款应包括用于培训辅助专职人员（包括主妇家庭健康助手等）以提供家庭健康服务。

"（2）在按照此款提供补助金和贷款时，美国卫生及公共服务部部长应——

"（A）考虑一些州对家庭健康服务的相关需求。

"（B）应向老年人、医疗贫穷人口、残疾人在需要服务的人口占比较高的地区倾斜。

"（C）应特别考虑到在交通方式上存在不足而难以获得必要健康服务的地区。

"（3）（A）除非私营控股机构能够在贷款申请中能确保达到美国卫生及公共服务部部长的要求，否则不允许向此类机构贷款，这些要求包括——

"（ⅰ）提交申请时，该机构财政状况透明良好。

"（ⅱ）该机构不能确保按照机构所在地通行的利率向非政府贷款方借到足以支撑其在提交的申请中的项目所需的资金。

"（ⅲ）在贷款未偿还期间，此机构应保持财政状况透明良好。

"（B）此条下的贷款应按照与贷款日期时通行的贷款利率相当的利率计算，该贷款与相对成熟的美国市场责任相关，并可作适当调整，以提供管理成本。

"（4）按照此款提出的补助金及贷款申请应以美国卫生及公共服务部部长规定的形式上交并包含要求的内容。

"（5）自1983年9月30日及1984年9月30日起的每一个财政年内，应授权拨出5 000 000美元用于发放补助金及贷款。

"（b）（1）美国卫生及公共服务部部长可向公共或私人团体及个人签发补助金并拟定合同，这些补助金和贷款合同用于培训辅助专职人员（包括主妇家庭健康助手等）以提供家庭健康服务。

"（2）所有按照此款规定以补助金或合同建立起来的用于培训主妇家庭健康助手的项目都应——

"（A）持续时间至少为 40 小时，其中还必须包括课堂指导以及至少 24 小时（总计）在监管下的临床试验指导，目的是为了指导学生能为开展家庭健康服务做足准备。

"（B）应该在恰当的专业监管下进行，并致力于训练学生持续或加强在家庭中对每个个体的照顾，而且还必须以一种能提高每个个体功能性独立的方式完成。

"（C）在以下方面都应进行培训——

"（i）致力于帮助每一个个体在日常生活活动（如洗澡、锻炼、着装打扮、睡觉以及起床等）的私人照顾服务。

"（ii）家庭照顾服务（例如维持安全的生存环境，简单的家务劳动，通过购买和准备实物的方式帮助提供好的营养）。

"（3）在按照此款发放补助金并拟定合同过程中，应特别考虑正在建立或打算建立相关项目，以帮助年龄在 50 岁或以上有志成为能提供家庭健康服务的辅助专职人员（包括主妇家庭健康助手）的人并对其进行培训的机构。

"（4）按照此款下的规定提交的补助金及合同申请应以美国卫生及公共服务部部长规定的形式上交并包含要求的内容。

"（5）自 1983 年 9 月 30 日及 1984 年 9 月 30 日起的每一个财政年内，应授权拨出 2 000 000 美元用于发放补助金及拟定合同。

"（c）美国卫生及公共服务部部长须在 1984 年 1 月 1 日前，向参议院劳动与人力资源部以及众议院能源及商业部提交报告，报告的内容应包括——

"（1）按照（a）及（b）款发放补助金及拟定合同后带来的影响（因为这些款中的规定在 1981 年 10 月 1 日之前是有效的）。

"（2）继续按照（a）及（b）款发放补助金及贷款的需求（因为此款的规定在《罕见病药物法案》颁布之后生效）。

"（3）培训提供家庭健康服务人员的标准范围。

"（d）对此条法规，"家庭健康服务"一词的意义与《社会安全法案》1861（m）款规定的意义相同。"

（b）美国卫生及公共服务部部长应在 1985 年 1 月 1 日之前向国会报告研究成果，这些研究旨在评估以家庭和社区为基础的健康服务以及有望改善与此服务相关立法措施的所有推荐。

（c）美国卫生及公共服务部部长应编入并分析所有由任意的私人或公共组织、团体或个人开展的与家庭健康服务中与现行或其他赔偿方法相关的重要研究。美国卫生及公共服务部部长还应就与次补偿方法相关的推荐，因为这些补偿方法可能最终会被由联邦政府全权或部分资金支持的健康医疗项目所采纳，同时部长应在此法案颁布后 180 天时间内向国会报告上述推荐。

（d）美国卫生及公共服务部部长应通过美国卫生及公共服务部督

查经理的执行相关权利，对下列内容进行全面调查——

（1）在与医疗照顾及医疗协助相关的家庭健康服务条例中可能滋长欺诈和滥权的方法。

（2）上述方法的使用程度已经严重到滋长欺诈和滥用。

美国卫生及公共服务部部长应在此法案颁布日期后18个月时间内向国会报告调查结果。

（e）（1）美国卫生及公共服务部部长应在不晚于1984年1月1日的时间前建立并执行指示性方案，从而能对以下内容进行检测——

（A）用于判断出可能受限于住院的病患的方法，这些病患本可以通过家庭健康服务以及其他非住院的健康服务等途径获得更加经济高效的治疗。

（B）其他针对家庭健康机构的补偿措施，这些措施的目的是确定在提供家庭健康服务过程中最经济有效的方法。

（2）用于判断出可能受限于住院的病患并须交由美国卫生及公共服务部部长按照（1）（A）小节内容进行审查的方法应包括，但又不局限于对住院并享有医疗保险的病患的确认，这些病患因为有了家庭健康服务成为早期偿还的候选者，或者是在社区中因为有了家庭健康服务而最终能避免制度化医疗的个人。

（3）美国卫生及公共服务部部长按照（1）（B）小节内容进行审查的补偿方法应包括，但又不局限于收费安排、预期补偿、人均收费支付等。

（4）美国卫生及公共服务部部长应在1985年1月1日之前向国会报告所有与按照（1）节执行示例有关的发现。

（f）对于此条的条例，"家庭健康服务"一词的含义由《社会安全法案》1861（m）款规定。

甲状腺癌分析；部长行动

SEC. 7.（a）实施《公共卫生服务法案》301条，美国卫生及公共服务部部长要——

（1）实施科学的研究和准备必需的分析来提升与 ^{131}I 的剂量相关的甲状腺癌症的有效可信的风险评估。

（2）实施科学研究和准备必需的分析以提高有效可行的方式评估个人受到的来自核爆炸辐射中 ^{131}I 的剂量。

（3）实施科学研究和准备必需的分析，以提高有效可行的关于美国人在内华达大气层中核爆炸测试中接触的 ^{131}I 的评估。

（4）在该法案实施的一年内，准备向国会提交一篇关于在（1）（2）（3）节中实施的活动报告。

（b）（1）在该法案实施后一年内，美国卫生及公共服务部部长要发布辐射流行病表，来评估人们接收或已经接收与癌症相关的辐射，和较早因剂量而引发癌症的人所使用的剂量。该表格会显示引起每种与癌症相关辐射的可能原因，与接收剂量从 1 毫拉德到 1000 拉德的变化，在接触辐射时性别、年龄等方面，毫无疑问从一接触到癌症开始，并且这种类别，部长在经过与合适的科学专家商议之后，才决定与之关联。每种原因的可能性需要被推测，并以百分比的形式标出来。

（2）在美国卫生及公共服务部部长发布根据（1）节制出的表格时，该部长也要发布——

（A）对该与每个癌症相关辐射的表格，要给出与该表格相关的评测可靠性、有效性以及必然性程度的评估。

（B）表中列出的可能性原因导致了配方的复杂性。配方应同时包括可能导致某个接受与癌症相关辐射或使用给定剂量的人患病可能性原因的必备信息。

（3）（1）节中列举的表格和（2）节中列举的配方，由最适用于美国的最佳且可获得数据设计而来，这些数据要根据最佳可获得的科学程序和专业知识设计而来。美国卫生及公共服务部部长每 4 年要更新这些表格和配方，或任何时候，他认为有必要确保它们继续得到最佳可获得的科学数据和专业知识。

公共卫生服务技术修正案

SEC. 8.（a）该法案 207（a）（1）节通过在"药剂学"（"pharmacy"）后插入"心理学"（"psychology"）修正。

（b）该法案 306（a）（2）节通过去除（D）小节，重新分配（E）（F）（G）为相应（D）（E）（F）小节进行修正。

（c）该法案 308（d）款修正为（1）在"无信息"（"No information"）后插入替代信息"，若可确认当局或某人在应用该信息"（"，if an establishment or person supplyihg the information or described in it is identifiable"），修正为（2）去除"根据306（1）（2）条或部长的管理而授权的有效指导方针"，插入"此当局或人同意（决定在部长的管理下）作此用途"。

（d）该法案 311（c）（2）节第一句话 243（c）（2）通过去除"45天"（"forty-five days"），插入"6 个月"（"six months"）修正。

（e）该法案 330（d）（2）通过在"和此花费"（"and the costs"）前插入以下信息："，由向农家管理局借贷盖楼的花费，"（"，the costs of repaying loans made by Farmers Home Administration for buildings，"）修正。

（f）该法案 337（a）款，去除"实施此分部分"（"carrying out this subpart"），插入替代信息"实施此分部分（除了338G 条）"（"carrying out this subpart（other than section 338G）"）。

（g）（1）《公共卫生服务法案》338B（e）款，在时间段前插入以下信息："或根据 225 条，在 1977 年 9 月 30 号有效"。

（2）该法案 338D（b）款，找到"338F（b）款"并插入替代信息"338E（d）"。

（3）该法案 338E（d）款，找到"338D（c）款"，并插入替代信息"338D（c）款"。

（h）《公共卫生服务法案》340（g）款，（1）通过找到（1）节在"1980"后的"和"（"and"），在那段逗号前的时间段插入"和给 1982 年 9 月 30 号结束的财政年度的 300 万美元"，（2）在（2）节"1988"后插入"和"（"and"），并去除那一段的"给 1982 年 9 月 30 号结束的财政年度的 300 万美元"（"and $3 000 000 for the fiscal year ending September 30，1982"）修正。

（i）该法案 737（2）节，通过在"学校方式"（"means a school"）后插入"在一个州"（"in a State"）修正。

（j）该法案 781（a）（2）节，去除"在地区的卫生教育中心计划"（"under area health education center programs"）。

（k）（1）该法案 791A（b）（3）（A）小节，通过去除"中学毕业会考后期"（"postbaccalaureate"），插入替代信息"中学毕业会考"（"baccalaureate"）修正。

（2）该法案 791（c）（2）（A）小节被修正为以下信息：

"（A）该申请包含部长对开始于财政年度的学年（由部长的规则确定）满意度的保证，根据（a）款该申请人要得到授权——

"（ⅰ）对此已提交的申请，至少 25 人已完成机构毕业教育项目。"

"（ⅱ）该机构要花费或负担至少非联邦来源的 10 万美元资金来实施该项目。"

（1）该法案 831（b）款通过在时间段逗号前插入以下信息："给予 1983 年 9 月 30 号结束的财政年度 40 万美元，和给予 1984 年 9 月 30 号结束的财政年度 80 万美元"。

（m）该法案的Ⅷ标题在末尾添加以下替代信息来修正：

"技术支持

"SEC. 857. 该主题下的专款资金可被部长用来提供任何与该主题相关的技术支持。"

（n）该法案 1001（c），1003（b）和 1005（b）款，每款都通过删除 "1981" 后的逗号，而插入替代的分号。

（o）该法案的 1101（b）款，（1981 年《同意预算协调法》2193（b）（1）节撤销之前有效，）在 "1981" 后插入一个逗号。

（p）该法案 1536 条，（根据 1981 年《同意预算协调法》935 条修正），去除"此标题和"（"this title and"）和插入替代信息"此标题和——"（"this title and —"）

（q）该法案 1602 条，通过在"包含"（"including"）后面插入以下信息："出售不动产典当为贷款或贷款担保贷款"（"selling real property pledged as securitg for such a loan or loan guarantee and"）。

（r）（1）《公共卫生服务法案》1706（a）款，第（1）节开头，通过去除"健康信息，健康提升，体能训练和运动医学"（"Health Information, Health Promotion and physical Fitness and Sports Medicine"），插入代替信息"健康提升"（"Health promotion"）。

（2）接近该法案 1706 条的部分被修正为以下信息："健康促进办公室"。

（s）该法案 1904（a）（1）（F）小节第二句被修正，去除"该系统的设备"，并插入代替信息"该系统的设备（除了 1905（c）（2）节中给出的与授权相关的设备）"。

（t）有效的 1982.10.1 的该法案 1912（b）款，修正为以下内容：

"（b）（1）根据 1911 条，每个财政年度占用份额的剩余值，将由部长分配给每个州，数量和财政年度每年剩余量比率一致——

"（A）根据 301 条，部长将此提供给州及州的机构，用于心理健康服务，根据《社区心理健康中心法案》以及《心理健康系统法案》给每个财政年度心理健康服务，若部长已经根据《公法》96–536

为此目的提供了可获得的资金。

"（B）由部长根据 1980 财政年度法（2）节（D）（E）小节内容，向州及州机构提供资金，给予 1981 财政年度总金额适于心理健康服务展示及心理健康服务，根据《公法》96–536 条，适于该法案 301 条,《社区心理健康中心法案》以及《心理健康系统法案》和给予 1980 财政年度的总金额符合（2）节（D）（E）小节的规定。

"（2）（1）节提及的法律规定在 1981 年《同意预算协调法》施行之前仍为有效的法律规定。

"（A）《社区心理健康服务法案》。

"（B）《心理健康系统法案》。

"（C）该法案 301 条。

"（D）《全面预防酒精滥用以及酗酒预防、治疗和康复法案(1970)》。

"（E）《药物滥用预防、治疗和康复法案》409 及 410 条。

"（3）（1）节的目的，根据《公法》96–536，对心理健康服务展示而挪用的总体金额，根据该法案 301 条，一定不能超过 2000 万；若总价超过 2000 万，方能提供给州及州机构，并因（1）（A）小节的目的，还应适当降低，以符合该段设置的限制。

"（4）根据 1911 条给予财政年度挪用的资金，在可获得拨款方面，在此财政年度不能拨款给州因为——

"（A）根据 1915 条，对于财政年度，一个或多个州并未提交申请或活动描述。

"（B）一个或多个州告知部长他们并未使用全部拨款。

"（C）根据 1916（B）（3）节，一些州的拨款被抵消或偿还；超额部分需要各州根据比例拨款，否则财政年度时拨款给该州与此节无关。"

（u）（1）该法案 1915（c）（5）节，被修正，（1）在"程序上的"（"procedural"）前插入"给……步骤"（"procedure for"），（2）去除"检查程序"（"review procedures"），并插入替代信息"检查"（"review"）。

（2）（A）该法案 1915（c）（6）（A）（i）段被修正为——

（i）去除"针对心理健康服务"（"for mental health services"）。

（ii）在"1981 财政年度"（"fiscal year 1981"）后插入"对心理健康服务"（"for mental health services"）。

（iii）在"如果部长"（"if the Secretary"）前插入"根据该法案 301 条，对心理健康服务展示"（"for mental health services demonstrations under section 301 of this Act"）。

（iv）去除"此法案"（"such Acts"），并插入代替信息"该法律条文"（"such provisions of law"）。

（B）该法案1915（c）（6）（A）（ii）段被修正为——

（i）去除"针对心理健康服务"（"for mental health services"）。

（ii）在"1981财政年度"（"fiscal year 1981"）后插入"对心理健康服务"（"for mental health services"）。

（iii）在"如果部长"（"if the secretary"）前插入"根据该法案301条，对心理健康服务展示"（"and for mental health services demonstrations under section 301 of this Act"）。

（iv）去除"此法案"（"such Acts"），并插入代替信息"该法律条文"（"such provisions of law"）。

（v）该法案1932条被修正为——

（1）在"1932"后插入"（a）"。

（2）增加新的（b）款如下：

"（b）部长要颁布不同的法规控制该部分的管理。此管理要考虑到被授权的各部分不同的特征。"

（w）根据该法案419B条或根据任何可应用的法律条文，占用的资金由美国卫生及公共服务部部长提供来发展或支持不少于 10 个综合中心给镰状细胞贫血疾病。

杂项技术修改

SEC. 9.（a）《综合预算调整法案（1981）》第 931（a）款将第（1）（2）（3）节中的 "'1980,'" 替换为 "'1980;'"。

（b）《综合预算调整法案（1981）》第 936（b）（1）节将 "300m（d）（1）（B）（ii）" 替换为 "300m（d）（1）（B）"。

（c）《综合预算调整法案（1981）》将 "可行性（l）" 替换为 "可行性（i）"。

（d）（1）《综合预算调整法案（1981）》第 963（b）（4）节将 "条款（2）" 替换为 "条款（3）"。

（2）《全面预防酒精滥用以及酗酒预防、治疗和康复法案（1970）》第 311（a）（3）节（《美国法典》第 42 主题第 4577（b）（3）节）将末尾的 "。" 替换为 "，"。

（e）《综合预算调整法案（1981）》965（a）款将第（A）小节删去，并重编第（B）（C）（D）小节分别作为第（1）（2）（3）节。

（f）《综合预算调整法案（1981）》第 2741（a）（3）节将 "和 '和'"（"and 'and'"）删去。

（g）（1）《管制药品法案》第 709 条（《美国法典》第 21 主题第 904 条）作出如下修订：删去（a）（b）款；删去"（c）"；在本条开头插入如下标题：

"侵权诉讼赔偿"

（2）《综合药物滥用预防和管制法案（1970）》目录中与 709 条相关的条目将"拨款授权"（"Authorizations of Appropriations"）替换为"侵权诉讼赔偿"（"Payment of Tort Claims"）。

（h）废止《卫生计划和资源开发修正案（1979）》第 302 节（《公法》第 96–79 条）。

（i）《联邦安全局拨款法案（1946）》中"公共卫生服务"标题下方，以"服务与供应资金"（"Service and supply fund"）开头的条款（即《美国法典》第 42 主题第 231 条）作下述修订：在"库存已购置"（"stock furnished"）后插入"或在此之前"（"or in advance"）。

（j）（1）《消费品安全法案》第 6（b）（1）节（《美国法典》第 15 主题第 2055（b）（1）节）将"第（2）节"替换为"第（4）节"。

（2）《消费品安全法案》第 11（c）款（《美国法典》第 15 主题第 2060（c）款）将"第 10（e）（4）节"替换为"第（f）款"。

（3）《消费品安全法案》第 15（g）（1）节（《美国法典》第 15 主题第 2064（g）（1）节）将"第 12（c）（1）节"替换为"第

12（d）（1）节"。

（4）（A）《消费品安全法案》第 19（a）（7）节（《美国法典》第 15 主题第 2068（a）（7）节）将"第 9（d）（2）节"替换为"第 9（g）（2）节"。

（B）废止原《消费品安全法案》第 19（a）款第（8）节，并将第（9）节和第（10）节前两段重编，分别作为第（8）节和第（9）节。

（5）《消费品安全法案》第 31（b）（1）节（《美国法典》第 15 主题第 2080（b）款）删去"委员会"（"The Commission"）以及从《管制药品法案》"（"Substances Act"）起的所有内容，并增加以下内容：

"（b）（1）委员会不得发布下述内容——

"（A）对提议的消费品安全规则立法的预先通知。

"（B）对 27（e）款所述规则的提议立法项的通知。

"（C）对《联邦危险物品法案》第 2（q）（1）节所述法规的提议立法项的预先通知。"

（k）《防毒包装法案（1970）》第 3（a）款（《美国法典》第 15 主题第 1427（a）款）删去"，与本法案第 6 节所述的技术顾问委员会协商后"。

（1）《防毒包装法案（1970）》第 15 条（《美国法典》第 15 主题第 1274 条）（经《综合预算调整法案（1982）》第 1211（f）（1）节修订）在结尾增加如下内容：

"（e）为保证本节条款实施，（1）法案中'制造商'包括进口转售商；（2）通过批发途径售卖商品的经销商应认定为该商品的分销人。"

（m）《综合预算调整法案（1981）》第 1211（h）（4）节删去以下内容："在'贸易'后面增加'科学与运输'，并"。

研　究

SEC. 10. 关于《能源安全法案》第 706 条所述的可得资金，应保证 800 000 美元可作为马萨诸塞州夸宾水库水质研究的拨款或合约支出。

专利延期

SEC. 11.（a）标题 35，《美国法典》，通过增加以下信息进行修正：

"§ 155. 专利延期

"尽管 154 条的规定，专利期包含在此期间内，一个事件或步骤的组成，但若该组成或步骤受到美国食品药品管理局根据《联邦食品药品和化妆品法案》进行的监管审查，会导致存在允许洲际分散和售卖这样的组成或步骤，延缓批准文案的通过，依照《联邦食品药品和化妆品法案》409 条，在 1981 年 1 月，延缓有效，从即日起，延缓批准文案通过的时间将被强制测量，直到此步骤最终被解决，以及商业营销准许。在收到这样的通知后，总裁会迅速地要求专利权证书延期，盖上公章，陈述事实和延期时度，认证对该事件或步骤的成分合适的延期。此证书在每个专利延期的公文档案中均有记载，并被认为是原始专利权的一部分，并且会在《专利局公报》和商标局上均会有合适的通知发布。"

（b）标题 35 的 14 章分析通过在末尾加上以下信息来修正：

"155. 专利延期。"

FDA 安全及创新法案

公法 112–144

第 112 届国会

2012 年 7 月 9 日

经美国国会参议院和众议院共同通过

（本法案选取 SEC. 903、SEC. 906、SEC. 908 与罕见病药物相关的条款进行翻译）

第九章　药物审批和患者可及性

SEC. 903. 咨询罕见疾病专家关于针对性医疗以及基因靶向性治疗

按照本法案 715 条修改的第 V 章（21 U.S.C 360bbb et seq，）的分章 E 添加在以下内容的末尾，以作进一步修改：

"SEC. 569. 咨询罕见疾病专家关于针对性医疗以及基因靶向性治疗

"（a）总则——为宣传美国食品药品管理局新药及针对罕见病症和基因靶向性治疗的药品和生物制品的药效和通知评审，如下应适用：

"（1）与相关利益体进行商讨——与《处方药使用者付费法案》（PDUFA）授权的绩效目标中 X.C 和 IX.E.4 部分以及 2013 至 2017 程序财政年相一致，并参考 2012 年《处方药使用者付费修正案》中 101（b）款的内容，部长应确保其每次在与相关利益者就（b）款中相关问题进行商讨后能做出适当决定。

"（2）与外部专家进行商讨——

"（A）总则——部长应发展和保持掌握专业知识因而有资格针对罕见病症（包括（c）款中提到的内容）提出专业建议的外部专家名单。当有关提出具体的监管问题时，部长可以与此类外部专家商讨新药和基因靶向性治疗生物制品的审查等问题，包括（b）款提到的问题。当由于部长缺乏履行其监管职责所必要的具体科学、医学和技术知识，此类商讨变得极其必要时，外部专家可提供必需的专业知识。

"（B）外部专家——根据（A）小节中的内容，外部专家是受过一种或多种罕见疾病的科学或医学训练，而这种训练正是部长所缺乏的。

"（b）商讨内容——依据本款，商讨的主题包括——

"（1）罕见疾病。

"（2）罕见疾病的严重性。

"（3）与罕见疾病相关的未得到满足的医疗需要。

"（4）患罕见疾病的个人参与临床试验的意愿和能力。

"（5）罕见疾病疗法的效益与风险评估。

"（6）罕见疾病患病人群和亚群参与临床试验的总体设计方案。

"（7）患者人群的人口学和临床描述。

"（c）特殊政府雇员的分类——按照此部分内容参与商讨的外部专家可根据《美国法典》第18主题下202条被认作政府特殊雇员。

"（d）机密信息和行业秘密保护——

"（1）解释规则——本部分中所有内容均不能用于解释法律法规及政策管理下商业机密信息泄露或任何信息所提供的保护的改变，《美国法典》第5主题下552（b）款披露的信息，如规定适用于在本条生效日前与个人和组织进行的商讨，除外。

"（2）披露所需的准许——在没有申请人书面准许的情况下，部长不能向本部分参与商讨额专家披露任何商业机密信息，除非该专家是特殊政府雇员（按照《美国法典》第18主题下202条的规定）或该披露由法律授权。

"（e）其他商讨——本部分中所有内容均不能用于解释对部长在本条生效日前与个人和机构进行商讨的权利的限制。

"（f）没有权利或义务——

"（1）没有商讨权——本部分中所有内容均不能用于解释任何需要部长会见任何特定专家或利益相关者的商讨或事件，此种情况下这不是一个合法权利。

"（2）不允许转换目标——本条中所有内容均不能用于解释对于已取得一致意见的目标和任何由《处方药使用者付费修正案（2012）》101（b）款所认定的程序的改变。

"（3）不允许改变审查周期数目——本部分的所有内容均不能在本部分生效日前有效用于延长审查周期。

"（g）不得推迟产品审查——

"（1）总则——按照本部分中的描述，优先于有关根据505（i）款提交的实验新药申请、根据505（b）款进行的新药上市申请或根据《公众卫生服务法案》351条的生物制品上市许可证申请的与外部专家的商讨，药品审评与研究中心局长或生物制品审评与研究中心局长（或合适的处长），在相关情况下，应决定——

"（A）如下商讨将会——

"（i）加强部长完成部长审查的能力。

"（ii）解决申请中的突出问题。

"（B）申请人授权了如下商讨。

"（2）限制——本款中的规定仅适用于完全在本条授权下发生的商讨。本款中的规定不适用于任何在任何其他授权下发生的商讨。"

SEC. 906. 罕见病药物发展的资助与合同

（a）合格测试定义——《罕见病药物法案》（21 U.S.C. 360ee（b）（1）（A）（ⅱ））的 5（b）（1）（A）（ⅱ）段添加 "在此药物根据此法案 526 条被指定当天以后以及"。

（b）拨款授权——《罕见病药物法案》（21 U.S.C. 360ee）5（c）款作出如下修订：

"（c）拨款授权——针对（a）款中的资助与合同，授权拨发 2013 至 2017 财政年每年度 $30 000 000。"

SEC. 908. 罕见儿科疾病优先审查券奖励计划

第 V 章（21 U.S.C. 360aa et seq.）的分章 B 添加在以下内容的末尾：

"SEC. 529. 优先审查罕见儿科疾病以激励治疗。

"（a）定义——在本部分中：

"（1）优先审评——'优先审评'，类似于在 735（1）中提到的
人用药申请，是指由部长在收到此类申请的 6 个月内进行审查
和实施，此规定在《政策手册》和《美国食品药品监督管理程
序》中有提及，其目标在《处方药使用者付费修正案（2012）》
的 101（b）款。

"（2）优先审评券——'优先审评券'是由部长在此种罕见儿科
疾病药品申请部长批准后向提交罕见儿科疾病药物申请的发起人
发放的凭证，它能给予凭证的拥有者优先权，在罕见儿科疾病药
物申请通过日之后根据《公众卫生服务法案》505（b）（1）节或
351（a）款优先接受人用药物申请审评。

"（3）罕见儿科疾病——罕见儿科疾病是指符合下列每一条标准
的疾病：

"（A）该病主要影响从刚出生至 18 岁以下人群，包括新生儿、婴
儿、儿童和青少年。

"（B）该病状况罕见，在 526 条所描述的情况之内。

"（4）罕见儿科疾病药品申请——'罕见儿科疾病药品申请'是
根据 735（1）节规定的人用药申请——

"（A）如下药品或生物制品——

"（i）用于预防或治疗罕见儿科疾病。

"（ii）包含曾根据本法案505（b）（1），505（b）（2）节或505（j）款及《公众卫生服务法案》351（a）款或351（k）款通过其他任何申请的无活性成分（包括任何酯类或盐类的活性成分）。

"（B）按照本法案505（b）（1）节或《公众卫生服务法案》351（a）款提交。

"（C）部长认定能够接受优先审查。

"（D）依靠研究得出的临床数据检验儿童人口及为这一人群准备的药量。

"（E）在最初罕见儿科疾病药品申请中不寻求成年人指征批准。

"（F）在《处方药使用者付费修正案（2012）》生效日后被批准。

"（b）优先审评券——

"（1）总则——部长应在此种罕见儿科疾病药品申请部长批准后向罕见儿科疾病药品申请的发起人颁发优先审评券。

"（2）可转让性——

"（A）总则——根据本部分规定得到优先审评券的罕见儿科疾病药品申请发起人可将此种券的权利转让（包括售卖）。一张优先审评券的转让次数没有限制，在被使用前没有次数限制。

"（B）转让通知书——任何接受转让优先审评券的人应在转让后的 30 天内通知部长这张优先审评券所有权的改变。

"（3）限制——如果罕见儿科疾病药品申请在《处方药使用者付费修正案（2012）》生效的 90 日后向部长提交，该罕见儿科疾病药品申请的发起人将不能根据本部分规定得到优先审评券。

"（4）公告——

"（A）总则——人用药申请发起人应在作为意图提交人用药申请优先审评券主体的人用药申请提交的 90 日内告知部长，包括发起人提交申请的当天。这种公告应作为具有法律约束力的承诺，用来支付根据本部分内容估算的使用者费用。

"（B）通知后转让——如果发起人尚未提交公告中所说的人用药申请，发布通知表明根据（A）小节对人用药申请使用凭证的人用药申请发起者可以在提供公告后转让凭证。

"（5）授权终止——部长有权在（1）中一年期满后不颁发任何优先审评券，此周期自部长根据本部分颁发第三张罕见儿科疾病药品凭证之日算起。

"（c）优先审评使用者费用——

"（1）总则——部长应建立使用者费用项目，优先审评券主体的人用药申请发起者将根据（2）中规定向部长支付费用。此费用不包括任何第Ⅶ章中规定的应有发起者提交的费用。

"（2）费用总计——优先审查项目使用者费用的总量将由部长在每财政年制定，根据以下标准不同——

"（A）由 FDA 在上一财政年根据优先审评进行的人用药申请审评所产生的平均费用。

"（B）由 FDA 在上一财政年不根据优先审评进行的人用药申请审评所产生的平均费用。

"（3）年费设置——2012 年 9 月 30 日以后，部长应在每一财政年开始前确定那一财政年所需的优先审批使用者费用总计数量。

"（4）支付——

"（A）总则——本款规定的优先审评使用者费用应按照（b）（4）（A）小节中说明，在申请人发布其意图使用该凭证公告前缴清。所有与人用药申请有关的其他费用应按部长要求或适用法律规定缴纳。

"（B）完全申请——如果本款中要求的费用和其他所有适用的使用者费用未按部长支付此种费用的程序缴清，（A）小节描述下的申请人要求使用优先审评券的申请将被认定为不完整。

"（C）不得放弃、免除、减少或退还——部长不得准许本条中任何应缴费用的放弃、免除、减少或退还。

"（5）抵消收取——任何财政年中根据本款收取的费用——

"（A）应被作为抵消收取费用存入向美国食品药品管理局提供拨款的账户。

"（B）不得被用作任何财政年收入，预先由拨款法案提供的除外。

"（d）认定程序——

"（1）总则——按照新药制造商或申请人的要求，部长可以认定——

"（A）此新药为罕见儿科疾病药物。

"（B）此种新药的申请是罕见儿科疾病药品申请。

"（2）认定要求——第（1）段中的认定要求应同时与526条中罕见病药物法律地位认定或506条快速认定的要求同时制定。本部分中的认定要求不是按照本部分规定获得优先审评券的先决条件。

"（3）部长决定——要求根据第（1）节中规定被提交的60日内，部长应决定是否——

"（A）此要求中的主体疾病或病情是罕见儿科疾病。

"（B）此种新药上市申请是罕见儿科疾病药品申请。

"（e）罕见儿科疾病药品市场——

"（1）吊销——如果此种罕见儿科疾病药品没有在被本法案 505 条或《公众卫生服务法案》351 条批准之日起的 365 天内在美国上市，部长可吊销任何根据（b）款授予的优先审评券。

"（2）批准后生产报告——经批准的罕见儿科疾病药品发起人应在可应用罕见儿科疾病药品申请被批准后的 5 年内向部长提交报告。此报告应提供此种产品被批准后 4 年内每一年的如下信息：

"（A）美国境内患此种罕见儿科疾病的预估人群数量。

"（B）美国境内对此种罕见儿科疾病药品的预估需求量。

"（C）美国境内此种罕见儿科疾病药品的实际分销数量。

"（f）通知与报告——

"（1）发行凭证与产品批准凭证通知——部长应在以下情况发生后的 30 日内于《联邦公报》和美国食品药品管理局官方网站发布公告：

"（A）部长根据此部分发放优先审评券。

"（B）部长批准根据由本法案 505（b）款或《公众卫生服务法案》351（a）款提交申请的药物的申请发起人根据此部分使用优先审评券。

"（2）通知——如果在部长根据此部分颁发第三张罕见儿科疾病

优先凭证后的一年内根据本法案 505（b）款和《公众卫生服务法案》351（a）款提交申请的申请人根据此部分规定对某一药物使用了申请优先审评券，部长应向能源委员会和众议院商务及参议院卫生、教育、劳动和养老金委员会提交一份文件——

"（A）正式通知这些委员会这一凭证的使用。

"（B）认定此种药物的优先审评券已使用。

"（g）其他项目资格——此条并未阻止根据此条要求请求优先审评券的申请人参与任何其他包括此法案中的提及的所有优惠项目。

"（h）与其他规定的关系——本条中的所有规定应作为鼓励热带疾病药物和罕见儿科疾病药物的本法案或《公众卫生服务法案》中其他任何规定的补充而不是替代。

"（i）GAO 研究和报告——

"（1）研究——

"（A）总则——自部长根据本条颁发第三张罕见儿科疾病优先审评券之日起，美国审计总长应进行根据本条颁发的罕见儿科疾病优先审评券在治疗或预防此类疾病的人用药品发展上的有效性研究。

"（B）研究内容——在根据（A）小节进行研究时，审计总长应检查一下内容：

"（ⅰ）颁发了优先审评券的每一罕见疾病药物均根据505条或《公众卫生服务法案》351条被批准的证明。

"（ⅱ）有关治疗和预防罕见儿科疾病的未达到的要求是否，及在何种程度上通过这一经批准的罕见疾病药品而得到满足。

"（ⅲ）如经过交易，此优先审评券的价值。

"（ⅳ）每一使用了优先审评券的药物鉴定。

"（ⅴ）优先审评券被颁发和被使用的时间间隔长度。

"（2）报告——（1）（A）小节的一年内，审计总长应向能源委员会和众议院商务及参议院卫生、教育、劳动和养老金委员会提交一根包含第（1）节内研究结果的文件。"

第二章 | 指南

罕见病：药物工业发展指南的常见问题 [1]

美国卫生及公共服务部

美国食品药品管理局

药品审评与研究中心

生物制品审评与研究中心

2015 年 8 月

罕见病

本指南草案在定稿后将代表目前美国食品药品管理局（FDA）对

于这一话题的认识。它无法给任何人创造任何权利，也无法对FDA 或公众产生约束性。若有替代方法满足法律法规的要求，你可以使用这个替代方法。若你想讨论替代方法，请联系列在本指南标题页上负责本指南的 FDA 工作人员。

I. 引言

本指南将协助治疗或预防罕见病的药品和生物制品[2]的申请人，通过对在罕见病药物开发中普遍会遭遇的选题进行讨论，开展更有效和成功的开发项目。虽然相似的问题也出现在其他的药物开发项目中，但是这些问题在鲜少有医疗经验的罕见病背景下经常变得更加难以解决。

这些问题也随着疾病罕见度的上升变得愈加严峻。罕见病被《罕见病药物法案（1983）》定义为在美国少于 200 000 人受到影响的障碍和病变。[3] 然而，大多数罕见病影响的人数比定义的人数要少得多。

本指南将解决以下药物开发方面的重要问题：

• 对疾病的自然发展过程的充分描述和了解。

• 对疾病的病理生理学和药物预期的作用机制的充分了解。

• 基于非临床的药理毒理学考虑，支持提出的一项或多项的临床调查。

- 可靠的终点和结果评估。

- 确立安全性和有效性的证据标准。

- 药物开发期间对药物生产过程的考虑。

尽早考虑这些问题既能使申请人在药物开发期间通过探索性研究直到确认药效和安全性的研究充分有效地解决它们，又能与FDA开展有成效的会议。由于这些和其他问题适用于所有的药物开发项目，所以FDA和国际协调会议（ICH）的指南中也有所涉及它们（详见这些指南的参考文献部分）。

总之，FDA的指导文件无法建立法律强制执行责任，而是描述FDA目前对于这个话题的思考，除非有特定的管理或法规要求的引证，它应该仅被视为建议。对于"应该"一词在FDA指南中的使用，应理解为建议或推荐做某事，而不是要求做某事。

Ⅱ. 背景

为了使治疗少数患者的药物开发在财政上可行，《罕见病药物法案》提供了与罕见病用药认证有关的奖励机制[4]；但是，这并没有建立起与常见病不同的罕见病用药批准法定标准。对于所有药的批准——不管是罕见病还是常见病——都必须要以实际展示证明药物在治疗或预防疾病方面的有效性和使用时的安全性。证明有效性的证据应该从一个或多个充分且控制良好的对确定人群（详见第Ⅶ条，有效性和安全性证据）[5]的实验中获取。FDA认识到对常见病可行的药物开发的某些方面可能不能适用于罕见病。

FDA 规章允许有弹性地适用规定标准，因为药物有许多种类和预期用途。FDA 将对申请人需要为个人药物开发项目提供的数据的种类和数量"做出科学判断"。[6] 这种弹性适用范围从开发的早期阶段一直到用于证明安全性和有效性以获得上市许可的充分且控制良好的临床研究。

许多罕见障碍症都是无法有效治疗的严重疾病，无法满足患者的大量医疗需求。FDA 意识到罕见病的高度多样化，决心帮助申请人创建成功的药物开发项目，使这些项目能解决每种疾病带来的特殊挑战。

Ⅲ. 自然史研究

所有药品开发项目都应建立在坚实的科学基础之上，了解疾病的自然史是这个基础中非常重要的一部分。由于罕见疾病的患者人数很少，临床经验仅在少数临床转诊中心间传播，罕见疾病自然史通常不好描述。FDA 建议申请人在药品开发早期就对现有自然史知识的深度及素质进行评测。FDA 不规定申请人进行自然史研究，但是当对疾病的了解不足以指导临床开发的时候，精心设计的自然史研究有助于设计出有效的药物开发项目。

错误既耗时又耗财，对疾病的透彻了解可以帮助申请者规避错误。对该疾病更深入的了解有助于更好地针对为数不多的患者进行有效的研究。自然史研究可以提供很多关键信息用于指导药品开发的每一个环节，从药物研发到药物的治疗安全性与有效性测定。疾病自然史知识可以透露药品开发过程中的许多重要方面，包括：

- 界定疾病群，包括对全部疾病表现的描述和主要疾病亚型的鉴别。

- 临床研究设计中的关键因素——如研究时间及亚人群的选择——的了解与落实。

- 设计和挑选出对疾病的表现变化更为特殊或敏感的，或是能比现有的测量方法更快地证明安全性和疗效的测量方法。

- 开发新的或最优化的，能提供概念验证（POC）信息的生物标记物，指导剂型的选择，使安全问题尽早被发现，提供疗效支持证据。在有些情况下，生物标记物可以用作替代终点。[7]

没有哪个单一的数据元能够描述所有的罕见疾病。罕见疾病种类繁多，它们影响生物系统时的病症显现、病情发展的速度及方式有很大的差异。应根据疾病的特征，如对病人来说最为重要的病征（如疾病最可能限制或改变生活的方面）、潜在预后特征以及虽然不是疾病严重的部分但是可能对设立灵敏的临床终点有帮助的疾病特征等，广泛地选择研究疾病自然史时需收集的数据元。

比如，了解有可能会出现什么样的疾病表征，什么时候会出现，哪种疾病表征可能会持续存在非常的关键。发现预示重大疾病表征的疾病症状也非常重要。需要搜集的数据包括临床检查发现、实验测量结果、显像、病人的功能感觉陈述等几大类。数据收集频率很大某种程度上取决于疾病的特征，比如疾病的恶化速率以及疾病恶化与否。随着知识的累积，可能会修改疾病自然史研究中数据收集的类型和程度。

由于许多罕见疾病中存在大量的表型变异，FDA 建议自然史研究应尽可能涵盖病情严重程度不同的病人，而不要过早专注于某一组特定病人。广泛地吸收病人使得疾病显型的鉴定与描述成为可能，疾病显型的治疗的开发也会变得更为可行。了解是否存在一系列连续的表型或明显分隔的表型，可以极大地改变药物开发项目。

自然史数据收集的时间应该要足够的长才能得到有意义的临床结果，测出疾病病程中的多变性。尽管这个环节的重点是将自然史研究用作重要的背景信息，但在临床开发阶段也可以继续进行该研究，测定新的测量工具是否合适，得出可用在将来的治疗试验中的测量方法。

自然史研究数据可以前瞻性地收集也可以回顾性地收集，但是前瞻性纵向自然史研究能产生最有用的疾病信息。前瞻性研究可以用和未来临床研究一致的医学术语系统全面地收集信息。从临床护理记录回顾中收集到的数据可能会不完整，或者难以理解。比如，这些数据可能不包含相应的药物信息或重要的疾病特征评估，或者这些数据用不同的医学术语指代同一临床疾病。纵向研究描述了个体疾病病程的特征，更好地区分了不同显型。

自然史数据用作接受临床试验的患者的历史比较这一潜在用途

也很有用，但是用作历史对照相关的挑战也是公认的。对比历史对照研究病人已知的协变量，这种可比性是可以测定的，但是针对受主观影响的测量方法或未知协变量，可比性很难确定。即使是临床病程非常固定，发展快速且结果（如死亡）可客观验证的疾病，也可能会涉及历史资料中未知的或未曾收录的重要预后协变量。尽管含有历史对照的研究已经在罕见疾病的临床开发项目中有所使用，在很多情况下，历史对照并不适合充分且控制良好的研究。总之，只有当观察结果比疾病病程的可变性重要时，使用历史对照的研究才可信（如治疗无法自行缓解的疾病时，在实验结果中发现了实质性进展的情况）。

Ⅳ. 疾病病理生理学和生物标记物的使用

大致了解罕见疾病的病理生理学通常是不够的。FDA 没有规定申请者研究疾病的生化基础，但是申请者应在药品开发之初就尽可能详尽地掌握疾病的病理生理机制。了解某一疾病的病理生理机制及该疾病的病理生理机制是怎样随着时间的推移逐渐显现，可能会对疗法的成功开发至关重要，原因如下：

• 鉴定对治疗的反应更强或更早的疾病表征，这些疾病表征在设计研究终点的时候会很有用。例如，和病理生理严重程度动态相关的表征就更有可能显示出治疗效果。由长期的病理生理过程导致的疾病表征可能会比急性病理生理过程导致的疾病表征的治疗效果更差。

• 预测作用于药物靶点，可能产生临床上有意义的效果数目。比如，如果受病理生理严重程度影响，一些明显显型变得不同，则有可能就药理效应入手，减轻病理生理学严重程度，把更为严重的显型变成严重程度较轻的显型。

- 预测应该在什么时候测试药物对病人的疗效。如果某些疾病表现在病人确认身份加入研究以后才出现，那么在次要表征出现前招募受试病人非常重要。

- 预计给药安排，保证足够的药物暴露。不管在药物发挥作用时还是失效时在靶点处因药物作用而产生的病理生理反应的比率，都能指导给药方案的选择。比如，有限的药物暴露就能在关键的病理生理学过程中产生长期的变化时，不用持续暴露的治疗给药安排就足够了。相反，如果病理生理进程是在药物高度暴露之后才有飞速进展的，则需要更高频率给药。

- 明确需要候选药物进行非临床或临床试验的治疗靶点。

- 确定新的生物标记物，或对现有的能显示病理生理过程中不同步骤的效果的标记物进行改良。这些生物标记物可能会在概念验证（POC）、剂型选择，鉴定可能会对治疗作出反应的病人的特征方面起到关键的作用。生物标记物能即时显示药物反应，如果因病人不同而使用不同的生物标记物，可以使给药或注射治疗变得个性化。

- 鉴定可用于药物适应性改进设计的早期标记物、反应。[8] 例如，对药效敏感的早期实验室测量应答可以用作筛选疗效试验中包含的潜在应答者的屏障。还可以利用这些早期标记物鉴定可以预测响应的患者特征或基因组特征。

人们还没有针对罕见疾病做大量的药物开发工作，还没有可用作有效生物标记物的完善的测验方法。当生物标记物用于药品开发项目时，临床研究是基于生物标记物的测量结果进行的，应在开始临床研究以前进行可靠的、足够敏感的化验。在别的病理生理学标记物中也可能存在这样的担忧，比如说在体内器官成像中。

申请人应考虑在药物开发项目之初就考虑应用病理生理学知识，开发疾病生物标记物。尽管在药品开发过程中做的一些决定完全受临床试验结果的影响，了解了详细的病理生理过程的详细知识可能会使药品开发变得更高效。尽早开始研究、完善对病理生理学的理解，可能会对缩短药物开发的时间有帮助。

FDA 建议申请者们在包括新药预审会议在内的第一次会议中，同FDA 讨论疾病的病理生理学知识、药物机制及药物活性的下游效应。申请者应讨论如何评估药物靶点间的交互作用、疾病过程的下游部分。这些讨论对临床项目会有帮助。

V. 非临床研究

总体来说，非临床研究既是罕见疾病药品开发中的必要部分，也是常见疾病药品开发中的必要部分。[9] 试验药首次用于人类以前，FDA 需要从体外研究，动物研究或二者的共同研究中得到的毒理学信息。这些非临床研究提供了重要的证据证明药物非常安全，可以进行提议的临床研究。[10] 非临床研究还有利于更好地理解药物的作用机制。从非临床实验中得出的数据，尤其是起始临床剂量水平、剂量递增方案、给药方案、给药途径，对早期临床试验设计很重要。非临床数据有助于指导病人了解合格标准，通常还会决定一些重要的安全监测程序。

申请者应该基于这些疾病的机制、预计的药物药理、已有的 POC 数据、准备提出的临床试验设计、针对的适应证进行毒理研究设计。通常情况下，在传统的毒理试验中，健康的动物被用作试验系统，同时在很多情况下，它们也是最合适的选择。可以参考全球公认的通用指南，了解与药品开发临床试验相关的非临床安全性研究的时机和本质。[11] 这些指南还描述了 FDA 在判定支持不断发展的临床开发项目所必需的非临床数据方面的机动性。在 FDA 考虑范围之内的数据有：提议的临床实验的设计与目标、现有的非临床人类数据及用药经验、对人类的潜在危害。从先前的非临床及人类的使用中得到的信息也许可以减少需要的新的毒理学数据的数目。在衡量先前的数据的实用性时应考虑到的因素包括药物成分、剂型、给药途径、给药剂量及给药方案。在判定非临床数据是否必须时，FDA 还应考虑不同的疾病机制，以及药品和生物制品的结构（比如化学合成的药物产品、重组蛋白产品、血浆衍生产品、细胞治疗产品和基因治疗产品）[12]。

FDA 有权运用它在评估严重且危及生命的药物的开发项目方面的机动性。[13] 在极少数情况下，没有标准的毒理学研究、临床研究也能进行下去；但是，必须对这种方法作出详细的解释，而且该方法只针对现有疗法不合乎需求或是没有治疗办法的严重或危机生命的疾病。在这些情况下，我们强烈建议申请人在开始动物实验之前就和 FDA 会面，争取获得同意缩短非临床项目（支持提出的临床试验的非临床项目）的时间。

如果可获得疾病动物模型，病理学研究可能会有助于理解药物对疾病病理生理的作用，指导测量出现在病人身上的生物效应。可能会在动物模型上进行安全性毒理试验，但是由于疾病的病理生理可能会隐藏一些药物毒性，在动物模型上进行安全性毒理试验不会完全代替在健康动物上进行的毒理试验。怀疑药物毒性会因为疾病病理的存在变得更严重的时候，在动物模型中进行的安全性评估也可能非常有用。

FDA 一般不要求申请人在疾病动物模型上进行安全性或病理活性试验。但是在某些情况下，比如治疗可能带来长期的或不可逆的不良反应时，显示药物的有益活性潜能的动物模型试验会很有意义，它证明了考虑到药物的潜在益处，药物的风险并非不合理这一结论。[14] 但是，许多罕见疾病的疾病动物模型可能并不存在，或者没有表现出临床上重要的疾病表征。若把疾病动物用于非临床研究中，申请者应透彻了解其生物相关性与局限性。

在非临床开发项目中，为药物开发所做的体外或体内实验以及POC 都领先于毒理学研究。如果在以新药开发、POC 为重点的非临床研究过程中特意保存了器官、组织及别的样本，对这些样本的毒理学分析可以被推迟，直到确信用于动物研究的特定分子和人类临床试验具有相关性。虽然仅靠这些分析不能在临床研究之前提供足够的毒理评估，但是对聚焦于毒理学的研究进行了补充。

非临床研究的时机及特定设计会随着研究的药品或生物产品的种类、最初的人类研究及药物开发阶段中用于支持用法的必需信息及预期的临床用途的变化而变化。FDA 建议申请人尽早同 FDA

交流，比如说在新药预审会议上，为研究用产品讨论出一个合适的非临床开发项目。这些讨论可以促进临床试验的及时进行，还能减少动物以及其他药物开发资源的使用。

VI. 临床有效终点

临床试验想要达到目的，选择合适的终点非常关键。现在许多罕见疾病还没有合适且特征明显的疗效终点。研究终点的确立过程包括选定一种患者评估手段作为最终方法并确定对患者进行评估的时间。在药品开发的初期阶段，申请人就应考虑已有的患者评估手段，衡量其是否适用于此次研究。申请人会把某一种评估手段作为获得临床试验终点指标的依据，在此之前，他们应意识到有必要设计新的评估手段或对已有手段进行调整，尽早充分利用时间设计出新的评估手段并对其进行测评。

临床试验终点的选择需要进行多方考量：

- 对该疾病的了解，包括该疾病相关临床表现出现的可能性、临床表现的范围及其病程。申请人也可以从该疾病的自然史研究中获得这些信息，了解部分患者的疾病特征。

- 了解药物指定的特定人群（可能是患病总体的一部分群体）的临床特点（临床表现和病程）。

- 了解疾病的哪一方面对患者是有意义的，以及哪一方面可能受药物活性的影响。评估受到疾病的病理生理学知识的影响，也受药物或相关药物的先前的用药经验的影响（如果有的话），包括非临床和临床的疗效和药理疗效。

- 了解存在哪些患者评估方法或者知道哪些可以改善或发展的产出评价工具用于衡量选取的疾病的某些方面。

对评估工具特点的详细了解引导了可能用于结局评估的多种工具的选择。评估一种评估工具在一项研究终点中的潜力时，应该特别考虑评估工具的特点包括：

- 有效性，也就是说用于定义一项研究终点的评分体系如何反映在临床试验目标中已选取的疾病某些方面。

- 可靠性，包括评分者间信度和评分者内信度（重测信度）。当临床试验评估少量患者时，可信度尤为重要。

- 可行性，包括实行评估必需的任何专用设备或技术的花费、耐受性和可用性。例如，罕见病临床试验经常在少数拥有合适专用设备的中心实施，长途跋涉对患者来说可能是种负担。在其他情况下，进行可检测到微小变化的复杂的患者评估可能要经过一些困难的、不太能被患者接受的过程。两类情况都可能阻碍对患者研究考察进行登记或阻碍研究考察的完成。

- 抵制偏见。尽管对治疗任务进行盲处理对于降低实验结果掺杂偏见的这一可能性来说很重要，但是确保许多治疗都能完美进行盲处理却很难。不易受患者或研究者对于治疗任务的看法影响的评估可以在研究结果中增强可行度。

- 检测变化的能力。可靠性相当但更加详细的评估可能有潜力检测出疾病表征的更微小的变化（也就是，可能对临床效应更加敏感）。

- 和重要症状或重要机能的关系。一些评估直接估量症状和机能水平，它们对于了解患有此类疾病患者的治疗效果来说很重要。其他评估，例如临床结局评估和某些用作替代终点的生物标志，它们并不直接估量症状和技能水平，但它们用于预测临床效益。这一关系应该列入考虑范围内。

- 临床阐述。围绕研究的疾病和群体，应该了解结局评价中变化的临床意义。临床意义和药物的可见疗效影响了由 FDA 和医疗服务人员作出的最终的利弊比较，FDA 判定是否授予上市许可证，医疗服务人员则判定是否给病人开上市的药物。

申请人也可对研究设计和研究过程的方法进行考虑，运用患者评价工具作为临床试验的终点，可提高评估工具的实用性的。例如，对实施评估的过程进行详细描述可增强评估的可靠性。这一点对小型临床试验尤其重要。研究者的评估工具的训练计划可提高评分者间和评分者内（也就是，研究地点）的一致性。再如，有效的治疗盲处理可以减少对评估的主观方面偏见的担忧，不参与试验其他方面的人可以进行终点评估（例如，放射学家、测试检验员）。

申请人应该意识到用于表明药效的终点经常并不是一项开发项目所有研究的最好终点。申请人应该根据整体临床开发项目中的每项研究的目标选择终点。不同的终点经常有益于连续的临床试验提升目标。最早的临床试验通常将重点放在安全性评估上，同时，它也用于评估药物的药代动力学效应和药效学效应。临床试验的早期和中期应该用于指导用药强度和用药频率的选择，且可依靠药代动力学临床效应或中间临床效应（也就是即时响应）。之后的临床研究通常用于提供药效和安全性的最准确的判定。充分严格的对照研究（第Ⅶ条）终点通常以临床结局评估为基础，提供实质有效性证明，支撑药物上市许可。尽管罕见病开发项目经常被压缩成尽可能少的试验，但也应该在药物开发期间处理这些所有的考量事宜。

药物开发期间的临床试验通常基于早期的研究成果，从而指导实验设计和开发后期的终点选择。如果药物开发项目只包括一项用于表明安全性和有效性的试验，那么它可能会失败，因为早期阶段研究的探究证明并不充分。

不同的终点有不同的结合特点。对于有 POC 主要目标的早期试验来说，易于检测变化的能力可能比临床意义更重要。相反的，临床意义在研究中却是个很重要的终点特点，它用于提供有效性证明，支撑上市申请。包含许多不同特点的终点可提升研究结果的整体阐述性。例如，有着临床意义但主观的主要药效终点（也就是有偏见倾向的终点）的Ⅲ期临床试验中可因为拥有抵抗偏见的次要终点（例如，实验评估）而受益。

申请人还应该为了即将参与临床试验的全体患者考虑终点的特点。对于罕见病来说，实际的考量可能更需要包含比常见病研究更广的疾病阶段（例如，症状的严重程度，症状的发展次于长期的主要疾病症状）或临床表现。患病早期或疾病慢性发展的患者的终点的有效性、敏感性、可靠性或阐释性可能会不同于患有相同疾病的、患病严重、患病晚期或疾病急性发展的患者。

鉴定和描述潜在的临床评估是耗时的，申请人应该在开始临床开发项目时就进行这些处理。如果在临床项目中开始得晚，申请人可能直到为验证性研究选择终点时还无法完成用作终点的临床评估的特性描述或改善，因而延误药物的开发。FDA 建议申请人对现有的工具是否合适于所研究的疾病进行考量，在和 FDA 的会议中讨论是否存在合适的终点和策略用于开发或改善终点。

Ⅶ. 证明有效性和安全性

药物开发项目的总体目标是评估药物在治疗或预防疾病或病情方面的有效性，评估实现药效的给药程度和频率以及评估药物的风险性，因而能够实现"风险－收益"比较并且标明合适的标签。

上市许可的法定要求是有实质性证据证明药物有其宣称的药效。[15] 一要求同样适用于常见病和罕见病。实质性的证据基于充分严格的对照研究的结果。[16] 充分严格的对照研究被定义为被设计和实施能够"区分药物药效与其他影响的研究，例如患病期间的自发变化，安慰剂效应，或带有偏见的观察"。[17] 多年的科学和医疗经验已经设立了判定研究是否充分且严格对照的基本要素，此外，这些特点受法规要求，同时也通常被科学界认可和接受。一项充分严格的对照研究的设计特点必须包括：[18]

- 明确陈述研究目标。

- 允许和对照组进行有效比较的设计。对照组可以是平行对照（例如，安慰剂对照、空白对照、积极治疗对照、剂量对比对照）或在受限的特殊情况下，进行历史对照。

- 选择患者的方法明确且选择合适的群体进行研究。

- 减少分配患者进入研究小组的偏见、确保研究小组间的可比性的方法（例如，随机法）。

- 减少实验实施、结果评估以及分析（例如，盲处理技术）方面的偏见的方法。

- 评估患者反应的方法明确且可靠（例如，研究目标的合适终点）。

- 进行充分分析以评估治疗效果的方法（例如，合适的数据分析计划）。

这些设计特点应该进行前瞻性地详细说明且应该包含在临床试验计划中（例如，研究协议），伴有对实验设计、实验管理和实验分析的详细细节，及对研究是否包含充分严格的对照这一特点进行关键性的评估。国际认可的临床研究实施原则已经出版，[19] 申请人受到督促在药物开发过程中实施这些要求。

评估药物的安全性应该鉴于"所有测试合理应用"原则来证实药

物使用的安全性。[20]临床试验还应该包含一项监测计划，足以确保临床受试者的人身安全。监测计划的组成部分和过程应该基于对药物的了解，包括非临床毒理研究和化学、制造和控制（CMC）信息，如果可以的话，还包括先前的人类经验。

没有明确规定应该参与研究的、证实罕见病治疗有效性和安全性的最少患者数量。考虑到数据的说服力（例如，综合性和质量）、获得的药效本质（或在替代终点情况下受到期待的药效本质）、治疗或服用药物的时间、上市许可后得到治疗的患者数量以及对治疗存在的潜在危害的担忧，证实药物有效性和安全性的患者人数应该视情况而定。治疗的时间还应该适合于研究的疾病（例如，与急性病相比的慢性病）。对治疗严重的或威胁生命的疾病的药物进行利弊评估时，FDA 也承认，优于现有疗法的治疗即使风险更大，但可以被接受。[21]这反映了只要药物被证实利大于弊的同时也保留了安全性和有效性的适度标准，FDA 就极力促进治疗严重疾病的药物的可用性，尤其是当这些患者和罕见病患者经常经历的一般无药可医的时候。

临床试验计划应该确保收集和记录的数据是准确的。申请人应该按照国际接受的科学质量原则记录和报告试验，以确保临床试验的数据是可信的。用于临床试验实施的伦理原则在国际指南和协议中有所提及，例如 ICH 行业指南《E6 良好药品临床试验规范：综合指南》。FDA 除了确保了参与临床试验的受试者的安全和权益，[22]它对临床试验的监督还提供了保障：药物的科学研究质量足以实现对药物利弊的评估，以及从研究中获得数据能够满足上市许可的法定标准。

临床试验计划和新药上市申请的内容根据研究的药物和疾病不同变化很大。[23, 24] FDA 承认，探求药物是否有潜力治疗罕见病的研究充满了挑战，研究常见病的方法并非在罕见病研究上都能行得通。申请人应该在早期和 FDA 沟通，以确定临床试验设计对患病群体和研究的疾病具有可行性，且足够科学严谨足以达到充分严格的对照试验的要求。考虑到开发罕见病用药的复杂性，FDA 鼓励在药物开发过程中与其进行密切交流。

Ⅷ. 化学、制造和控制

治疗罕见病和常见病的药物通常在临床开发的同时进行制造。FDA 鼓励申请人在早期与其讨论 CMC 开发计划（例如新药临床研究前会议），并且在药物开发过程中减少和药物制造息息相关的开发或上市延误的可能性。

当药物开发进入后期研究阶段时，譬如药物制造经验提升、可用技术变化以及后期临床开发阶段药物数量增加等因素可导致药物制造上的变化，包括制造流程、提纯方法以及规模增大。FDA 还承认，制造责任的转变可能出现在初步试验之后（例如，从单个研究者变成一家公司，或从小型公司变成大型公司），这可能是开发罕见病用药的着重考量。任何变化（甚至是轻微的变化）都可能导致药物特性出现出人意料的改变（例如，药物不纯、蛋白质的理化性质改变）。和早期非临床或临床研究的药物批次相比，制造出现改变，如果识别出了药物特性的重大变化，那么之后可能需要进行附加的非临床和临床研究，因为这些改变导致获取的知识将不能应用于药物的进一步使用。药物特性改变的其中的一些方面可能对药物的开发产生不利的影响，包括以下两个例子：

- 和用于毒理学研究的药物批次相比，杂质的数量或类型改变，这可能导致用于之后的临床研究的药物有未知的毒理特性。在某些情况下，这一担忧只能通过进行附加的毒理学研究评估这一新兴药物才能消除，因而延误了临床开发项目。

- 在临床研究结束之后，计划的商业药物的特性发生改变，这可能导致临床研究的有效性和安全性证明不能应用于新制造药物。这使得有必要在上市许可前进行附加研究（非临床研究、临床研究或二者皆有）从而消除这一担忧。

FDA 建议，申请人在整个药物开发项目早期就应该考虑开发药物制造过程，包括针对制造过程中的每个变化实施非临床和临床研究，以及是否需要实施衔接性实验。申请人应该在早期就设计充足的检测程序，并且及时地实施从而减少药物的延误。应该尽可能早地改变制造过程以降低因为延误导致药物发生变化的可能性，或者如果药物已经产生了变化，那么可以有时间评估它们的药效。考虑到药物种类繁多，而有些是复杂药物，FDA 建议申请人参考现有的药物制造指南（参见挑选的一系列指南；查看 FDA 网址获取其他的相关指南）。

参考文献

1. FDA draft guidance for industry, 2010, Adaptive Design Clinical Trials for Drugs and Biologics. [25]

2. FDA draft guidance for industry, 2012, Enrichment Strategies for Clinical Trials to Support Approval of Human Drugs and Biological Products. [26]

3. FDA guidance for FDA reviewers and sponsors, 2008, Content and Review of Chemistry.

4. Manufacturing, and Control (CMC) Information for Human Gene Therapy Investigational New Drug Applications (INDs).

5. FDA guidance for industry, 1995, Content and Format of Investigational New Drug Applications (INDs) for Phase 1 Studies of Drugs, Including Well–Characterized, Therapeutic, Biotechnology–derived Products.

6. FDA guidance for industry, 1998, Providing Clinical Evidence of Effectiveness for Human Drug and Biological Products.

7. FDA guidance for industry, 2008, CGMP for Phase 1 Investigational Drugs.

8. FDA guidance for industry, 2009, Formal Meetings Between the FDA and Sponsors or Applicants.

9. FDA guidance for industry, 2009, Patient–Reported Outcome Measures: Use in Medical Product Development to Support Labeling Claims.

10. FDA guidance for industry, 2011, Potency Tests for Cellular and Gene Therapy Products.

11. FDA guidance for industry, 2014, Expedited Programs for Serious Conditions——Drugs and Biologics.

12. FDA guidance for industry, 2014, Qualification Process for Drug Development Tools.

13. ICH guidance for industry, 1996, E6 Good Clinical Practice: Consolidated Guidance.

14. ICH guidance for industry, 1997, S6 (R1) Preclinical Safety Evaluation of Biotechnology–Derived Pharmaceuticals.

15. ICH guidance for industry, 1998, E8 General Considerations for Clinical Trials.

16. ICH guidance for industry, 1999, Q6B Specifications: Test Procedures and Acceptance Criteria for Biotechnological/Biological Products.

17. ICH guidance for industry, 2000, Q6A Specifications: Test Procedures and Acceptance Criteria for New Drug Substances and New Drug Products: Chemical Substances.

18. ICH guidance for industry, 2001, E10 Choice of Control Group and Related Issues in Clinical Trials.

19. ICH guidance for industry, 2001, Q7A Good Manufacturing Practice Guidance for Active Pharmaceutical Ingredients.

20. ICH guidance for industry, 2001, S7A Safety Pharmacology Studies for Human Pharmaceuticals.

21. ICH guidance for industry, 2004, Q5E Comparability of Biotechnological/ Biological Products Subject to Changes in Their Manufacturing Process.

22. ICH guidance for industry, 2009, M3 (R2) Nonclinical Safety Studies for the Conduct of Human Clinical Trials and Marketing Authorization for Pharmaceuticals.

23. ICH guidance for industry, 2013, M3 (R2) Nonclinical Safety Studies for the Conduct of Human Clinical Trials and Marketing Authorization for Pharmaceuticals Questions and Answers.

24. Reviewer guidance, 2005, Conducting a Clinical Safety Review of a New Product Application and Preparing a Report on the Review.

注释

1. 本指南由 FDA 下属的药品审评与研究中心中新药办公室、科技转化办公室和生物制品审评与研究中心共同合作起草。

2. 除特殊说明，本指南中药物指的是人用药和生物制品。

3.《公法》97–414，96 Stat. 2049（1983）。《公法》98–551（1984）对其进行了增补，从患病率对罕见病定义设定门槛。

4. 同 3。

5. 美国《联邦法规汇编》第 21 主题 314.126 条。

6. 美国《联邦法规汇编》第 21 主题 314.105 条。

7. 见参考文献，行业指南《严重疾病药品或生物制品加速审查》。

8. 见参考文献，包括行业指南草案《Enrichment Strategies for Clinical Trials to Support Approval of Human Drugs and Biological Products and Adaptive Design Clinical Trials for Drugs and Biologics》。这些指南代表 FDA 对这些话题的最新思考。

9. 美国《联邦法规汇编》第 21 主题 312.23 条（a）（8）节。

10. 同 9。

11. 见 ICH 的行业指南《M3（R2）Nonclinical Safety Studies for the Conduct of Human Clinical Trials and Marketing Authorization for Pharmaceuticals and S6（R1）Preclinical Safety Evaluation of Biotechnology Derived Pharmaceuticals》。我们会周期性地进行更新。为了您获取指南最新的版本，请查阅 FDA 的指南网站：http://www.fda.gov/Drugs/GuidanceComplianceRegulatoryInformation/Guidances/default.htm。

12. 要获取细胞疗法和基因疗法产品的非临床试验范围和内容信息的推荐，请参考行业指南《Preclinical Assessment of Investigational Cellular and Gene Therapy Products》

13. 美国《联邦法规汇编》第 21 主题 312.80 条，E 分部分。

14. 美国《联邦法规汇编》第 21 主题 312.42（b）款。

15. 参见《联邦食品药品和化妆品法案》第 505（d）款。

16. 在某些情况下，来自于一家有资格且良好管控的诊所的研究和确证的证据也算是充分的。见《联邦食品药品和化妆品法案》第 505（d）款及参考文献，包括行业指南《Providing Clinical Evidence of Effectiveness for Human Drug and Biological Products》。

17. 美国《联邦法规汇编》第 21 主题 314.126 条。

18. 同上。

19. 见参考文献，包括 ICH 发布的行业指南《E9 Statistical Principles for Clinical Trials and E10 Choice of Control Group and Related Issues in Clinical Trials》。

20. 见参考文献，包括评审员指南《Conducting a Clinical Safety Review of a New Product Application and Preparing a Report on the Review》。

21. 美国《联邦法规汇编》第 21 主题 312.84 条，E 分部分。

22. 美国《联邦法规汇编》第 21 主题的第 50 条——受试者的保护和第 56 条——伦理委员会。

23. 美国《联邦法规汇编》第 21 主题 312.80 条和 美国《联邦法规汇编》第 21 主题 314.105 条。

24. 见参考文献，包括行业指南《Providing Clinical Evidence of Effectiveness

for Human Drug and Biological Products》。

25. 最终，此指南代表 FDA 对此问题的最新想法。

26. 最终，此指南代表 FDA 对此问题的最新想法。

附　录

名词术语总表

A

ADUFA: Animal Drug User Fee Act,《兽药使用者付费法案》

AGDUFA: Animal Generic Drug User Fee Act,《动物仿制药使用者付费法案》

AMQP: Animal Model Qualification Program, 动物模型认证项目

ANDA: Abbreviated New Drug Application, 仿制药申请

APEC: Asia-Pacific Economic Cooperation, 亚太经合组织

API: Active Pharmaceutical Ingredient, 药用活性成分, 原料药

B

BARDA: the Biomedical Advanced Research and Development Authority, 生物医学高级研究和发展管理局

BE Test: Biological Equivalence Test, 生物等效性试验

BIMO: Bioresearch Monitoring, 生物研究监测

BLA: Biologics License Applications, 生物制品上市许可申请

BPCA: Best Pharmaceuticals for Children Act,《最佳儿童药品法案》

BPD: Biosimilar Biological Product Development, 生物类似物产品开发

BsUFA: Biosimilar User Fee Act,《生物类似物使用者付费法案》

C

CBER: Center for Biologics Evaluation and Research,
生物制品审评与研究中心

CDC: Centers for Disease Control and Prevention, 疾病控制与预防中心

CDER: Center for Drug Evaluation and Research, 药品审评与研究中心

CDRH: Center for Devices and Radiological Health, 器械与放射卫生中心

CDTL: Cross Discipline Team Leader, 跨学科审查组长

CEO: Chief Executive Officer, 首席执行官

CFDA: China Food and Drug Administration, 国家食品药品监督管理总局

CFR: Code of Federal Regulation, 美国《联邦法规汇编》

CFSAN: Center for Food Safety and Applied Nutrition,
食品安全和应用营养中心

COTR: Contracting Officer's Technical Representative,
合同缔约人员技术代表

CPI: Consumer Price Index, 消费价格指数

CPMS : Chief Project Management Staff, 首席项目管理人员

CR: Complete Response Letter, 完整回复函

CTECS: Counter-Terrorism and Emergency Coordination Staff,
反恐和紧急协调人员

CVM: Center for Veterinary Medicine, 兽药中心

D

DACCM: Division of Advisory Committee and Consultant Management,
咨询委员会和顾问管理部门

DARRTS: Document Archiving, Reporting and Regulatory Tracking System,

文件归档、报告和管理跟踪系统

DCCE: Division of Clinical Compliance Evaluation, 临床依从性评价部

DD: Division Director, 部门主任

DDI: Division of Drug Information, 药品信息部门

DECRS: the Drug Establishment Current Registration Site,
当前药品登记地点

DEPS: Division of Enforcement and Post-marketing Safety,
药品上市后安全与执行部门

DHC: Division of Health Communications, 卫生通讯部门

DMF : Drug Master File, 药品主文件

DMPQ: Division of Manufacturing and Product Quality, 生产及产品质量部

DNP: Division of Neurological Products, 神经类产品部门

DNPDHF: Division of Non-Prescription Drugs and Health Fraud,
非处方药及反卫生欺诈部门

DOC: Division of Online Communications, 在线通讯事业部

DoD: the Department of Defense, 美国国防部

DPD: Division of Prescription Drugs, 处方药部门

DRISK: Division of Risk Management, 风险管理部门

DSB: Drug Safety Oversight Board, 药品安全监督委员会

DSS: Drug Shortage Staff, 药品短缺工作人员

DTL: Discipline Team Leader, 专业组组长

DVA: Department of Veterans Affairs, 退伍军人事务部

E

eCTD: Electronic Common Technical Document, 电子通用技术文件

EDR: Electronic Document Room, 电子文档室

eDRLS: electronic Drug Registration and Listing,

药品电子注册和上市系统

EMA: European Medicines Agency , 欧洲药品管理局

EON IMS: Emergency Operations Network Incident Management System,

紧急行动网络事件管理系统

EOP I Meeting: End-of-Phase I Meeting, I 期临床试验结束后会议

EOP II Meeting: End-of-Phase II Meeting, II 期临床试验结束后会议

EUA: Emergency Use Authorization, 紧急使用授权

F

FDA: Food and Drug Administration, 美国食品药品管理局

FDAA: Food and Drug Administration Act, 《食品药品管理法案》

FDAAA: Food and Drug Administration Amendments,

《食品药品管理法修正案》

FDAMA : Food and Drug Administration Modernization Act,

《食品药品管理现代化法案》

FDASIA: Food and Drug Administration Safety and Innovation Act,

《FDA 安全及创新法案》

FD&C Act: Federal Food, Drug and Cosmetic Act,

《联邦食品药品和化妆品法案》

FDF: Finished Dosage Form, 最终剂型

FSA : Federal Security Agency, 美国联邦安全署

FSMA: Food Safety Modernization Act, 《食品安全现代化法案》

FTE: Full-Time Employee/Full-Time Equivalence, 全职雇员

FY: Fiscal Year，财政年度，会计年度

G

GCP: Good Clinical Practice，药物临床试验质量管理规范

GDUFA: Generic Drug User Fee Act,《仿制药使用者付费法案》

GLP: Good Laboratory Practice，药物非临床研究质量管理规范

GMP: Good Manufacturing Practice，药品生产质量管理规范

GO: Office of Global Regulatory Operations and Policy，
全球监管运营及政策司

GRP: Good Review Practice，药品审评质量管理规范

GSP: Good Supply Practice，药品经营质量管理规范

H

HEW : Department of Health, Education, and Welfare，
美国卫生、教育和福利部，HHS前身

HHS: Department of Health & Human Services，美国卫生及公共服务部

HPUS: Homoeopathic Pharmacopoeia of the United States，
美国顺势疗法药典

HSP: Human Subject Protection，人体受试者保护

HUDP: the Humanitarian Use Device Program，人道主义器械使用计划

I

IHGT: Institute of Human Gene Therapy，人类基因治疗研究所

IND: Investigational New Drug，新药临床研究，试验性新药

IRB: Institutional Review Boards，伦理审查委员会

IRs：Information Requests，信息请求

M

MAPPs：Manual of Policies and Procedures，政策及程序指南

MCM：Medical countermeasures，医疗措施

MDUFMA：Medical Device User Fee and Modernization Act，

《医疗器械使用者付费和现代化法案》

N

NCE：New Chemical Entity，新化学实体

NCTR：National Center for Toxicological Research，国家毒理研究中心

NDA：New Drug Application，新药上市申请

NDC：the National Drug Code，美国国家药品代码

NF：National Formulary，美国国家处方集

NIH：National Institutes of Health，美国国立卫生研究院

NIMS：the National Incident Management System，

美国国家突发事件管理系统

NME：New Molecular Entity，新分子实体

NLEA：Nutrition Labeling And Education Act,《营养标识和教育法案》

O

OC：Office of Compliance，合规办公室

OCC：Office of the Chief Counsel，首席顾问办公室

OCC：Office of Counselor to the Commissioner，局长顾问办公室

OCET：Office of Counterterrorism and Emerging Threats，

反恐怖和新威胁办公室

OCM: Office of Crisis Management, 危机管理办公室

OCOMM: Office of Communication, 通讯办公室

OCP: Office of Combination Products, 组合产品办公室

OCS: Office of the Chief Scientist, 首席科学家办公室

OD: Office Director, 办公室主任

ODSIR: Office of Drug Security, Integrity, and Response,

药品安全、完整和响应办公室

OEA: Office of External Affairs, 对外事务办公室

OES: Office of Executive Secretariat, 行政秘书处办公室

OFBA: Office of Finance, Budget and Acquisitions,

财政、预算和采购办公室

OFEMSS: Office of Facilities, Engineering and Mission Support Services,

设备、工程和任务支持服务办公室

OFVM: Office of Food and Veterinary Medicine, 食品及兽药监管司

OGCP: Office of Good Clinical Practice, GCP 办公室

OGD: Office of Generic Drug, 仿制药办公室

OHR: Office of Human Resources, 人力资源办公室

OIP: Office of International Programs, 国际项目办公室

OMB: Office of Management and Budget, 美国行政管理与预算局

OMH: Office of Minority Health, 少数族裔卫生办公室

OMPQ: Office of Manufacturing and Product Quality,

生产及产品质量办公室

OMPT: Office of Medical Products and Tobacco, 医疗产品及烟草监管司

OMQ: Office of Manufacturing Quality, 生产质量办公室

OO: Office of Operation, 运营司

OOPD: Office of Orphan Products Development, 孤儿药开发办公室

OPDP: Office of Prescription Drug Promotion, 处方药推广办公室

OPPLA: Office of Policy, Planning, Legislation and Analysis,
政策、规划、立法及分析司

OPRO: Office of Program and Regulatory Operations,
计划和监管运营办公室

OPT: Office of Pediatric Therapeutics, 儿科治疗学办公室

ORA: Office of Regulatory Affair, 监管事务办公室

ORSI: Office of Regulatory Science and Innovation,
监管科学和创新办公室

OSE: Office of Surveillance and Epidemiology,
药品监测及流行病学办公室

OSI: Office of Scientific Investigations, 科学调查办公室

OSPD: Office of Scientific Professional Development,
科学专业发展办公室

OSSI: Office of Security and Strategic Information,
安全和战略情报办公室

OUDLC: Office of Unapproved Drugs and Labeling Compliance,
未批准药品和标签合规办公室

OWH: Office of Women's Health, 妇女健康办公室

P

PASE: Professional Affairs and Stakeholder Engagement,
专业事务和利益相关者参与

PASs: Prior Approval Supplements, 事先批准补充申请

PC&B: Personal Compensation and Benefits, 个人薪酬及福利

PDP: Product Development Protocol, 产品开发方案

PDUFA: Prescription Drug User Fee Act,《处方药使用者付费法案》

PMA: Premarket Approval Application, 上市前批准申请

PMDA: Pharmaceuticals and Medical Devices Agency,
日本药品及医疗器械综合机构

PMR: Premarket Report, 上市前报告

PR: Priority Review, 优先审评

PR: Primary Reviewer, 主审评员

PRA: the Paperwork Reduction Act, 文书削减法案

PREA: Pediatric Research Equity Act,《儿科研究公平法案》

R

REMS: Risk Evaluation and Mitigation Strategies, 风险评估及缓解策略

RLD: Reference Listed Drug, 参比制剂

RPM: Regulatory Project Manager, 法规项目经理

S

SEC: The Securities and Exchange Commission, 美国证券交易委员会

SPA: Special Protocol Assessments, 特殊方案评估

SR: Standard Review, 标准审评

T

TL: Team Leader, 审评组长

U

USP: U.S. Pharmacopeia,《美国药典》

V

VP: Vice President, 副总裁

W

WTO: World Trade Organization, 世界贸易组织